本书系2019年度教育部人文社会科学研究青年基金项目“基于补偿视域的城市软新闻外宣解释性翻译研究”（项目编号：19YJC860057）的研究成果。

翻译补偿理论视角下的英语新闻翻译实践研究

邹斯彧　著

北京工业大学出版社

图书在版编目（CIP）数据

翻译补偿理论视角下的英语新闻翻译实践研究 / 邹斯彧著．— 北京 ：北京工业大学出版社，2021.4

ISBN 978-7-5639-7930-1

Ⅰ．①翻… Ⅱ．①邹… Ⅲ．①新闻—英语—翻译 Ⅳ．①G21

中国版本图书馆 CIP 数据核字（2021）第 081823 号

翻译补偿理论视角下的英语新闻翻译实践研究

FANYI BUCHANG LILUN SHIJIAO XIA DE YINGYU XINWEN FANYI SHIJIAN YANJIU

著　　者： 邹斯彧

责任编辑： 李倩倩

封面设计： 知更壹点

出版发行： 北京工业大学出版社

（北京市朝阳区平乐园 100 号　邮编：100124）

010-67391722（传真）　bgdcbs@sina.com

经销单位： 全国各地新华书店

承印单位： 天津和萱印刷有限公司

开　　本： 710 毫米 ×1000 毫米　1/16

印　　张： 10

字　　数： 200 千字

版　　次： 2022 年 1 月第 1 版

印　　次： 2022 年 1 月第 1 次印刷

标准书号： ISBN 978-7-5639-7930-1

定　　价： 60.00 元

作者简介

邹斯彧，女，1983年10月出生，南昌工程学院副教授，天津外国语大学硕士研究生，主要研究方向：翻译理论与实践。近年来以第一作者身份在《高教探索》等期刊发表论文多篇，主持教育部课题一项和省级课题三项，参与省级课题近二十项，参编教材一部。

前　言

新闻一直以来都受到大众的喜爱，也成为国际信息交流的一种重要方式。它在文化和信息传播中起着举足轻重的作用。但由于各国使用的语言不同，必须把新闻翻译成读者所熟悉的目的语，才能最终达到交流的目的。英汉属于不同的语系，因此在词汇、语法、修辞、语言使用习惯上有很大的差异。由于新闻本身具有传递信息、吸引读者等功能，这就使得译者在汉译新闻英语时不仅要注意译文信息传递的准确性、表达的连贯性，还要注意语言的新颖性与简洁性，使其符合汉语的表达习惯。

翻译的理想状态是译作对目的语读者产生的效果与原作对源语读者产生的效果一致。遗憾的是，由于主客观条件的限制，译作有时无法将源语的信息、功能或效果完全准确地传达出来。可以说，翻译损失与翻译活动是相伴的。因此，对翻译损失进行必要的补偿成为译者义不容辞的责任。翻译补偿就是尽力弥补交际损失，使译文达到与原文大体相同的效果。

在翻译英语新闻时同样会面临翻译损失这一问题，损失的内容不但会导致译文与原文无法达到指示意义和联想意义的对等，还会影响汉语读者的阅读感受。因此，我们有必要对英语新闻翻译的补偿策略进行研究。

鉴于此，本书首先介绍了翻译补偿的相关概念，其次对英语新闻的语言特点与翻译技巧进行了探讨，同时对比分析了网络英语新闻与报刊英语新闻，再次论述了英语新闻的不同体裁及其翻译实践，最后归纳出英语新闻的翻译补偿策略。

由于笔者的水平和经验有限，本书内容难免有不当之处，恳请广大读者和各位专家予以批评指正，以便今后进一步修改和完善。笔者在撰写本书时参考了一些同领域专家学者的研究成果，在此衷心地向他们表示感谢。

目　录

第一章 翻译补偿理论

翻译不仅是语言转换的过程，而且承担着文化传递的重任。由于源语和目的语固有的语言文化差异，翻译过程中不可避免地会产生损失，使读者产生阅读障碍。为了减少翻译损失，尽可能地完整再现原文的样貌，翻译补偿成为一种必不可少的策略。

第一节 翻译补偿概述

一、翻译补偿的定义

目前，对于翻译补偿，国内外还缺少统一、普遍认可的定义。不同学者从不同角度对翻译补偿加以界定。

国外学者中，哈维以文本效果为基础，把翻译补偿界定为一种为了弥补原文本损失、再造原文本效果而使用的技巧，包括运用目的语或目的语言中特有的文本手段。纽马克认为翻译补偿就是在与原词不同的位置弥补音韵、意义或修辞的缺失。贝克与纽马克的看法相似，认为对于原文本中的特征，不用在意其所在的具体位置，可以在不同的位置再现这种特征。哈蒂姆和梅森把翻译补偿定义为一种为弥补交际损失所运用的等效替代手段。

哈维的定义偏向文学类文本，注重追求补偿审美效果的缺失，对文学以外的文本类型并不适用。纽马克的定义较为明确，但只包含三种补偿类型，而实际的翻译损失远不止这几种。哈蒂姆和梅森及贝克的定义只局限于交际层面，没有考虑到文学文本中的审美层面、文化层面等因素。

国内学者中，柯平把补偿界定为弥补直译所导致的原文含义或者风格等方面的损失。刘树森把翻译补偿定义为一种为再现原文魅力而使用的翻译技巧。夏廷德把翻译补偿定义为：“补偿是以目的语手段为主，辅之以符合目的语规约或规范的其他语言手段，根据文本类型和翻译目的，对翻译过程中潜在的或发生的损失进行的修复或弥补。”

笔者认为，柯平的定义较为笼统，更倾向于强调补偿的意义；刘树森的定义仅将补偿视为翻译中无关宏旨的一般性技巧；夏廷德所提出的定义比较全面，不但增添了以往定义中缺失的非目的语的补偿手段，而且也把文本类型及翻译目标考虑在内。

每一种语言都存在着区别于其他语言的语言特征和文化特征，而每一个文本也由于其特殊的语境而负载着不同的意义。这些因素都会导致源语和目的语无法完全转换，导致目的语读者无法和源语读者体会到完全一致的文本含义。要尽可能地避免这种现象，就需要译者专门进行翻译补偿。

二、翻译补偿的分类

翻译补偿的分类一直存在较多争议，研究学者赫维与希金斯将翻译补偿主要划分为以下四种：类比补偿、分解补偿、融合补偿、换位补偿。二人强调这四种翻译补偿手段不存在相互排斥关系，可以同时运用。类比补偿主要是指为实现原文效果再现，在译文中使用的区别于原文的语言手段。分解补偿主要是在译文中按照原文意义将其分解与扩展，使其成为一段长对话。融合补偿指在译文中融合原文多个特征。换位补偿指译文在区别于原文的位置实现相同的效果再现。但是也有学者对这四种翻译补偿分类提出异议，比如，贝克就对分解补偿与融合补偿提出异议。

20世纪80年代初，沃尔弗拉姆·威尔斯在他的著作中提及翻译中的“补偿”，他认为，“解释性翻译”是翻译中唯一的补偿手段。为了更好地满足翻译的交际功能，奈达提出了功能对等理论，这一理论在很大程度上说明了翻译中补偿的重要性。英国翻译家纽马克认为，翻译补偿的目的就是弥补翻译中可能丢失的语义、语音、语用等效果，并在与原文不同的地方重现该效果。他还根据语言的不同功能和具体的文本题材，将文本分为“表达型文本”“信息型文本”和“呼唤型文本”三大类型。纽马克的这一分类方法无疑为之后学者的翻译补偿研究提供了明确的分类视角。之后，赫维和希金斯则从语用学的角度出发，提出了补偿的四种形式。

就国内学者而言，进行翻译补偿方法探讨的学者较多，尚未形成统一的观点。1988年，王恩冕在其论文《翻译补偿法初探》中明确提出了翻译补偿的六种方法：增词法、引申法、拆译法、溶合法、替代法和转移法。但是其翻译补偿理论建立在通用文本的基础上，论文的主要篇幅用于探讨翻译中有关语言结构特色和惯用语的翻译补偿方法，并未分类探讨此类补偿方法的适用性。1991年起，柯平开始发表讨论变通和补偿手法的相关论文，具体叙述了有关增译、释义和归化的补偿方法，文中提及了大量源语文本存在的语言结构特点、习惯用语和文化背景相关表达等，进一步拓宽了研究翻译补偿的视野。而马红军则从翻译补偿的界定开始，把与特定问题和修辞无关的变通手段（语法转换等手段）排除在翻译补偿的范围之外，将翻译补偿手段分为显性补偿和隐性补偿两类：将包含明确注释的偏向异化策略的补偿称为显性补偿；将增译、释义、具体化等归化策略的补偿称为隐性补偿。夏廷德在其《翻译补偿研究》一书中对赫维和希金斯的四种补偿形式进行了发展和完善，提出了翻译补偿的八大分类、六项原则和两个层面。2011年，基于纽马克文本类型的分类，以李玉英为首的学者融合之前学者的研究成果，总结了与翻译补偿相关的二十多种补偿方法，并提出了适应不同文本类型的翻译补偿策略，在呼唤型文本中强调了转换法、强化法、归化法、替代法等策略，在信息型文本中强调了文化补偿、语法补偿、语用补偿、审美补偿等策略。2014年，谭利军从语言层面和文化层面两个角度入手，探讨了不同的补偿方法。其《试论翻译补偿法的界定与分类》一文将语音补偿、语形补偿、语义补偿和句法篇章补偿归为语言层面的补偿，将注释补偿和替换补偿归为文化层面的补偿，并将语音补偿和语形补偿也整理汇总在内。

三、文本层次及补偿方法的结合

总体来看，多数学者要么致力于探讨在一定层面上的补偿（如文化层面的补偿和语言层面的补偿等），要么致力于探讨具体的补偿方法和技巧（如归化法和释义法等），而同时针对文本层面和补偿方法技巧的分类探讨还未有定论。但是，对于翻译实践来说，翻译补偿这一概念必须将“文本中突出的语言特点”和“可行的补偿策略及方法”这两者结合起来共同讨论，以期在翻译实践中得到识别、验证并进一步指导实践。要进行翻译补偿的可行性研究，以下两个步骤缺一不可：首先，要识别出源语文本中突出的语言特点；其次，要采用可行的补偿策略及方法。一般情况下，一种语言文化区别于另一种语言文化的部分往往会导致两者之间沟通交流的不充分，从而产生信息流失和不完全翻译现象。既然翻译补偿旨在弥补此类“信息流失”和“不完全翻译”现象，那么首先就要识别出这些语言特点，并且对于不同的译者来说，即使面对同一个文本，他们也会识别出不同的语言特点，再着重补偿自己认为重要的部分。而这种对于语言特点的把握和侧重与该译者选择何种补偿方法具有必然的联系。因此，我们需要在分类讨论不同语言特点的基础上，提出各自对应的可行的翻译补偿策略和方法。笔者在研究和梳理了以上学者的研究成果之后，按照这两个步骤进行了分类和总结，首先按照谭利军在《试论翻译补偿法的界定与分类》一文中提到的补偿层次分类方法，将文本“层次”分为语言层面的补偿和文化层面的补偿，再按照具体文本的“类型”和“具体表现形式”细化分类，同时针对不同语言特点，按照“补偿策略”和“补偿方法”提出了可行的操作建议，如表1-1。

表 1-1　文本层次及其翻译补偿方法

<table>
<tr><th colspan="3">文本中突出的语言特点</th><th colspan="2">可行的补偿策略及方法</th></tr>
<tr><th>层次</th><th>类型</th><th>具体表现形式</th><th>补偿策略</th><th>补偿方法</th></tr>
<tr><td rowspan="10">语言层面</td><td rowspan="2">语音类</td><td rowspan="2">押韵、语音双关</td><td>归化</td><td>替代法</td></tr>
<tr><td>异化</td><td>释义法、直译加注释法</td></tr>
<tr><td rowspan="2">语形类</td><td rowspan="2">字形双关、四字格、骈体、熟语</td><td>归化</td><td>替代法</td></tr>
<tr><td>异化</td><td>释义法、直译加注释法</td></tr>
<tr><td rowspan="3">语义类</td><td rowspan="2">隐喻、语义双关</td><td>归化</td><td>替代法</td></tr>
<tr><td>异化</td><td>释义法、直译加注释法</td></tr>
<tr><td>抽象／具体</td><td>归化</td><td>引申法</td></tr>
<tr><td rowspan="3">句法篇章结构类</td><td>短句／长句、意合／形合、重复／省略</td><td rowspan="3">归化</td><td>折译法、融合法、增词法、减词法、替代法、转移法</td></tr>
<tr><td>肯定／否定、语态</td><td>替代法</td></tr>
<tr><td>隐含逻辑／显化逻辑、时态</td><td>强化法</td></tr>
<tr><td rowspan="3">文化层面</td><td rowspan="2">文化背景知识类</td><td rowspan="2">文化负载词</td><td>归化</td><td>引申法、替代法</td></tr>
<tr><td>异化</td><td>释义法、直译加注释法</td></tr>
<tr><td>情感类</td><td>褒贬态度、语气情感</td><td>归化</td><td>强化法</td></tr>
</table>

第二节　文化缺省与翻译补偿

同一文化背景下的语言交流往往会基于共同的背景知识或语用假设。有了这个共同的背景与假设，人们在进行语言交流时，为了提高交际的效率，往往会采取语言的省力和经济原则，省去他们认为是不言自明无须进一步解释的内容。因此，同一语言文化背景下的人们总是用最小的认知努力来获取最大的语境效果。然而，世界上不存在任何两个拥有完全相同的文化背景的人，因此或多或少会在言语交流过程中产生语义的曲解或缺失。

一、文化缺省概述

（一）文化缺省的定义

王东风对缺省情况进行了分类：被交际双方作为共享的背景知识而加以省略的部分叫作“情景缺省”。如果被缺省的部分与语篇内信息有关，就叫作“语境缺省”，而与语篇外的文化背景有关的，便是“文化缺省”。文化缺省的内容被一部分学者称为“先有知识”或“背景知识”，其成分一般都具有鲜明的文化特色，往往无法在语篇内找到对应的说明，它会以图式的形式存在于人们的记忆中。话语分析的研究成果表明：相同文化背景的人在进行交际时会假设缺省的存在，他们有能力提供缺省的内容。对于话语的接收者来说，为了使交流中的语意变得连贯并正确理解说话人的意图，针对说话人有意或无意省去的文化信息，他会用自己记忆中的相关图式信息去填补缺省造成的意义上的空缺。但是，对于那些与说话人处于不同文化环境的话语接收者来说，因其认知的差别和相关图式信息的缺乏，常常会无法填补缺省时出现的意义真空，进而无法将交流时所获得的信息与已有的知识和经验联系起来，导致其在话语理解上出现困难。造成他们无法对文本获得连贯的理解的原因正是他们缺乏应有的认知图式来弥补缺省的内容。文化缺省具有鲜明的文化特征，能够连贯语篇中的语义。因此，了解和认识文化缺省对理解语篇至关重要，在跨文化语篇交际中尤其如此。就书面内容而言，作者通过写作进行交际时会根据自己的语言和文化背景知识向意向中的读者传达信息、抒发情感等，但这样的读者群不包括不同语言文化背景的人。因此，对同一语言文化的读者是不言而喻的文化背景知识，而对于不同文化背景的读者来说则是陌生的信息。同理，对于原文读者来说不言自明的文化背景信息，面向译文读者时就成了文化缺省的内容。

所以特定背景下的图式就是能够引导我们提前设想和预测的。举个例子来说，当我们提起“图书馆”这一概念时，虽然说话人并没有特意去介绍具体的图书馆里到底有什么陈设，但同一文化背景下的语言接收者总能在意识里出现一排排书柜、陈列的各色书籍、放置的桌椅，或许还有正在看书的学生与正在清扫的保洁人员……这种虽未言明却又人人心知肚明的信息，就是可能会在文化上被缺省的内容。

再比如钱钟书的《围城》中有这样一句话，“鸿渐给酒摆布得失掉自制力道：‘反正你会摆空城计’”。对于“空城计”这个词语，其中的含义想必众人皆知，它来自名著《三国演义》中军师诸葛亮的三十六计中的一计。为了应对远胜于己方几倍的兵力，诸葛亮命人大开城门，自己坐于城头抚琴。敌人看其云淡风轻之态，以及城门大开之势，猜测城内必定布满军队，故意示人以弱实则是想要来个瓮中捉鳖，于是便纷纷退走。这就是空城计的来历。对于知晓这个背景故事、有着相同文化背景的人来说，在交谈的时候提起这三个字，无须多做解释对方便能了解其用意。这种行为能大大节省交流时间，以最简洁的方式达到最佳的交际效果。而对于那些不了解此故事、不明白其背后含义的人来说，理解起来就有些摸不着头脑了，因而也就完全不能明白原作者真正的想法和意图。因此就需要译者架起一座交流的桥梁，真实且准确地还原原作的内容。

（二）文化缺省与文化缺失

许多人会把文化缺省误认为文化的缺失。事实并非如此，我们从文化缺省的定义中可以看出两者完全是两个不同的概念。文化的缺省是一种较为常见的交际现象，通常源语作者会本着提高效率和创造美感的态度有意或无意地省略掉那些被人共享的文化背景信息。而文化缺失却是我们上文所提到的“图式”这一信息的缺乏。当原文化的图式在译入语文化中找不到对等的部分时就会出现文化缺失。因为译入语读者无法找到联系两种文化间的纽带，也就无法用准确的语言表述原作者的意思。文化的缺省给译者带来了前所未有的挑战，译者只要在处理语言上稍有不当都有可能会导致文化的缺失以及译入语读者对于源语文化的误读。

二、文化缺省引起的翻译难题

（一）文化缺省带给译者的挑战

文学作品中，文化缺省是很常见并且也是经常被源语作者所运用的。对于目标读者群来说，他们与作者有着共同的文化背景，因此作品中的文化缺省可以使得目标读者在认知和理解方面拥有认同感和连贯性，达到欣赏和精神升华的目的。而对于非目标群体来说，对于那些来自不同文化背景的人来说，情况则完全不同。如王佐良所说：“在一种文化里头有一些不言而喻的东西，在另外一种文化里头却要费很大力气加以解释。对本族读者不必解释的事，对外国读者得加以解释。”文化的差异使得作者和译入语读者之间缺失了一种只存在于作者与源语读者之间的默契。所以若是译者在翻译中不对文化缺省加以处理，则会给译入语读者带来理解上的障碍，使得这类读者无从得知原文中缺省的内容及背后的文化含义。

由上可知，文化缺省给负责在不同文化之间搭桥牵线的译者带来了重重困难。如果译者对缺省的内容不管不顾，会使读者在理解上产生困难；与此相反，如果对缺省的内容过多着墨，则会使得译文显得冗余并破坏原文含蓄的表达所带来的美感。由文化缺省引起的翻译问题大致分为三类：欠额翻译、超额翻译和误译。如果译者没能对原著中缺省的内容进行足够的补偿，则会给译入语读者带来理解上的困难，即欠额翻译。若作家在文本创作时只预想自己的意向读者，往往这些意向读者与作者处于同一文化背景之下，作者就会不经意间省略那些他所预判的、读者能够理解的背景知识。但当作品被翻译成另一种语言时，译入语读者会因为相关文化知识的缺乏，无法理解作者写作中所省略的信息。这时如果译者不能准确地把握译文读者已有的知识结构，从而过度地补偿或直接用译入语中固有的内容代替原文中的内容，就会造成超额翻译。这样做的后果是译文中出现了一些原文中本来没有的内容，或者改变了原文作者语言表达的用意，从而削弱了原文的美学价值。如果译者自身就未能获悉相关的背景知识或没能正确理解缺省的内容，就会造成误译。误译比前两种翻译问题更为严重，因为它曲解了原作者的意图从而导致了译文读者理解上的偏差。

（二）文化缺省对译者的要求

译者是源语作者和译入语读者之间沟通的媒介。这就要求译者首先要具备双语能力，但仅仅具备双语能力又是不够的，还要求译者对双方的文化有所认知甚至要达到熟悉的地步，这对于翻译的成功来说至关重要。特别是要对源语及译入语两种语言的民族意识、宗教与文化、传统与习俗以及文化形成过程等多种文化因素有一定的了解。译者在准备的过程中不仅要详读原著，还得对作者所处的文化环境进行研究，因为“译者处理的是个别词，他面对的则是两大片文化”。作为文化传播者的译者，应竭尽全力加强不同文化间的沟通以缩小文化间的差距，从而消除因缺少理解而造成的交际困难。译者在应对缺省时要多加留意原著中具体的文化缺省因素，应首先了解作者是在何种情景下省略了哪种文化背景信息，且做出判断该采取何种方法进行处理。多数情况下，文化缺省因其鲜明的文化特征需要译者在翻译过程中采取补偿策略。补偿可以使缺省的内容在某种程度上得到弥补，从而使得译文尽可能地向原文靠近。在这个基础上重构源语文字中被缺省的文化含义，将语言中所包含的丰富多彩的民族文化展示给译文读者，帮助他们消除阅读中出现的意义空缺，建立语义连贯，达到跨文化沟通的目的。

三、语言的可译性与不可译性

语言的可译性与不可译性一直以来都是翻译界争论的焦点。从最初的语言翻译的可能性到后来的语言翻译的可译性程度，无不体现着语言的可译性与不可译性是翻译理论的核心问题之一。可译性问题从根本上来说是个哲学问题，在很大程度上涉及语言与思维的关系问题。把语言与思维等同起来则是不可译性的理论根源。

（一）语言的可译性

语言是人类活动的产物，语言与人类的精神、社会发展交织相融。在远古时代，语言是人类本性的反映，并存在于人类的每一个发展阶段。人类的语言是自主产生的，并不受制于任何约束，而不同民族的语言则受制于一定的约束，受到它们所属于的民族的约束。同时，这个民族也同样受到本民族语言的内在规则的制约。德国语言学家洪堡认为："人类本性是统一的，它只是显示为分离存在的个体。假如具体个人的差异中并不存在统一的人类本性，那么理解就不可能像我们指出的那样依赖于独立的内在力量，共同的言语交往也无法通过换取听话者的语言能力来进行。""假如说话人和听话人不具备一种适合于双方，但以个人形式分隔存在的人类共同本质，那么听话人仅仅依靠他自身孤立发展起来的能力，是不能驾驭说出来的话的。""语言必然既属于主体，又属于客体，它是整个人类的财产。"各民族表达事物的名称可能不同，但人类的初始活动使得思维对语言的影响是一致的，形成的语言的一般规律也是共同的。任何一个正常人都具备着人类的普遍语言能力，这种语言能力可以在任何正常人身上体现出来，这就决定了人类语言统一性的特点，也使人与人之间的交际成为可能。

任何两种语言、两种文化之间都有很多共通之处，这是人类语言普遍性的表现，也是语言可译的最重要的原因。奈达认为，所有人都不可避免地忙于衣食住行，所有人都使用家具、生活用具、交通工具等，他们组建家庭、宗教团体、国家组织等。人们互相分享的世界观、价值观等意识形态有许多相似之处。事实上，不同民族所拥有的共同点远比他们的分歧点要多得多。文化是人类社会所共有的产物，虽然每个民族的语言各不相同，但他们有许多共同点，一种语言概念可能会在其他语言中也发现类似的描述，拥有不同文化背景的人也有许多相似之处，这就是来自不同文化背景的人们可以通过语言相互沟通的原因，同时也证明了翻译活动是可能的。

斯坦纳在他的《通天塔之后——语言与翻译面面观》中归纳了翻译史上长期争论不休的关于翻译是否可行的问题：语言学理论对于翻译是否可行这一问题，特别是对于不同语言之间的翻译是否可行这一问题，具有决定性的影响。

他认为语言哲学的两个根本对立的观点已被证实。支持可译性的观点认为语言的基础结构是普遍的，是人类所共有的。人的语言能力之间的异同之处本质上只是一种表面因素。翻译是可以实现的，因为决定每种语言语法形成的这些深层次的共性因素，如遗传、历史、社会等都可以定位在每个人的习惯用语中，或是一种独一无二的形式，或是一种奇特的形式。

德国神学家兼翻译家施莱尔马赫在19世纪初写下了影响深远的翻译专论《论不同的翻译方法》。他在思与言、意义与表达之间假定了一个平衡点。施莱尔马赫并不认为文本不可译，翻译的真正问题不是译入语与译出语之间始终找不到完全对等的语言，而是如何协调原文作者与译文读者之间的关系。他认为，“笔译者和口译者不仅想传达自己从原文中获得的印象，同时也想传达他们对原文的理解，这意味着译者要选择一种‘翻译语言’，它既不普遍又不让人感觉到它是完全自由独立存在的，而是一种贯穿始终的‘陌生相似性’”。

俄国语言学家雅各布森在很大程度上是支持语言可译性的。他在20世纪初撰写了《论翻译的语言学的问题》，在此书中雅各布森将翻译描述为三种类型：语内翻译、语际翻译和符际翻译。

著有《当代翻译学》的俄罗斯当代翻译理论家、翻译教育家科米萨洛夫认为，各种语言之间存在着一些共同的特性，这种特性是翻译过程中一种语言顺利转换为另一种语言的重要前提。翻译的目的是语际交际，是使说不同语言的人之间的交际成为可能。

尽管不同语言的语言单位意义不一致，但是语篇片段之间的翻译是可能的，语篇片段之间的交际等值也是可能的。各种语言有许多共同的特性，这些特性反映了人类思维的统一性，这种统一性归根结底决定了翻译的可能性。

（二）语言的不可译性

多种统计资料表明当今世界上存在着三四千种语言，不同的民族、不同的地域使用着不同的语言，每一个民族都有着自己的民族共同语言，多数情况下不同于别的民族的语言（但也有不同民族使用同一种语言的）。每一种语言都有着自己独特的语言符号，每一个语言符号都有其固定的、特殊的意义，不同语言“代码”所承载的信息不可避免地存在着不对等的情况，不同的语言相关单位之间是存在差异的。虽然全民族、全人类的基本的一般概念是相通的，但是不同语言中与这些基本概念对应的词义存在着差别。所以，不同语言之间的可译性不是绝对的，只是相对而言的。两种语言和两种文化之间至少存在着区别，甚至是显著的差异，既包括语言上的差异，又包含文化上的差异（如生态文化、物质文化、社会文化、宗教文化和精神文化等），否则翻译的存在便毫无意义可言。不同语言和文化之间的共性是相对的、广泛的，而不同语言、文化之间的差异是深远的、切实存在的和必要的，这种差异性使得语言的不可译性不可避免地存在着。

语言学家洪堡认为："语言含有两种对立的属性，一方面，它是一种语言，在同一民族的内部划分为无限多的个人语言；另一方面，许许多多个人的语言保持着统一性，使得这种统一的语言在跟其他民族的语言相比较时具有界定的性质。"同一民族的所有人都保持着该民族的同形性，这种民族同形性把每一个具体的思维认识与其他民族类似的思维认识区别开来，这样，每一个民族的语言便有了自己独特的内在动力，形成了自己民族的语言个性。不同语言之间的差异与民族之间的差异互相影响着。同一个民族的人民总是以同样的（区别于其他民族的）独特的方式来理解词的一般含义，他们把同样的来自本民族的独特的情感色彩附加到该词上，朝着同样的方向思考概念、汇聚思想，于是，该民族逐渐地使其语言获得了独特的感情色彩，同时该民族的语言也逐步将这些特征固定下来，并对民族产生反作用。语言不是孤立的、静止不动的，它始终在保持着自己独特性的同时不断地发展。不同的语言不可能具有同样的结构，因为讲这些语言的民族本身就是各不相同的，而且受着不同环境条件的影响。从这一方面来说，语言又存在着不可译性。

美国语言学家萨丕尔及其弟子沃尔夫提出"萨丕尔－沃尔夫假说"，他们认为：每一种语言都有其独特的形式，这些形式构成了每种语言与众不同的一个方面，即"语法"。语言决定了每个民族思维的性质和类型，思维过程也是"语法"的一部分，随着民族语言的不同而互不相同。不同语言所包含的文化概念和分类进而会影响语言使用者对于现实世界的认知。该假说主张语言决定思想，语言和思想都与语言持有者的语言个性化紧密相关，完全的翻译是不可能的。

卡特福特试图用一般的语言学理论来定义和解释翻译，他将语言的可译性和不可译性区别开来。所谓语言的不可译性，是指在语言形式方面，译语没有与源语文本相对应的形式特征。它主要来自两个方面：第一，源语中的两个或两个以上的词汇或语法单位共用一个语言形式；第二，源语单位一词多义在译语中却没有相对应的说法。他把不可译性分为两种：语言的不可译性和文化的不可译性。在语言学层面，当目的语中不存在与源语相对应的词汇或语法时，就会产生语言的不可译现象。在文化方面，当与源语文本功能相关的语境特征在目的语文化中不存在时，就会产生文化上的不可译现象。

傅仲选教授在他的《实用翻译美学》中，将不可译归因为源语和目的语之间的不同，此外，他还把不可译性分为两类：绝对不可译性和相对不可译性。

四、翻译补偿的必要性

研究翻译补偿，需要重点分析翻译过程中的不可译情况，也就是说不可译是翻译补偿出现的原因。不可译通常包括语音不可译、形态不可译、文化不可译、语意不可译四种。语音不可译主要源于英语与汉语在语音系统层面存在音韵规律差异与语音差异。形态不可译指受英汉语言本身特点的影响，较多语言形态中出现不可译现象。文化不可译源于文化观念差异与文化内涵差异，尤其是特定的典故、成语或词汇等，在译语中很难找到对应的词语，从而造成文化不可译。语意不可译指具有源语民族特色的词汇在译语中没有对应表达。不可译现象通常会造成两种语言的交流鸿沟，而翻译补偿的出现正是为了填补这种鸿沟，因此，翻译补偿作用显著。

翻译是一种跨语言、跨文化的语际转化过程。美国著名翻译理论家尤金·奈达早在 1969 年的著作中就提出了翻译的定义："翻译就是在译语中用最为贴切自然的对等语再现源语的信息，首先是就意义而言的，其次是就风格而言的。"的确，翻译的理想状态是指译作对目的语读者产生的效果与原作对源语读者产生的效果一致。遗憾的是，在主客观条件的限制下，译作有时无法将源语的信息、功能和效果完全准确地传达出来。

由于语言文化差异的存在，翻译损失与翻译活动是相伴的。在客观上，翻译过程受到源语和目的语固有的不同句法结构、语言形态、语音系统、语义场等语言因素以及渗透在语言中的社会文化因素的制约；在主观上，翻译过程不可避免地受到译者个人及其所属的语言社团和对其施加影响的权力杠杆等多种人为因素的影响。以上两股力量对翻译过程施加的合力，必然使译文蒙受多层面的损失。尤其是在文学翻译中，因脱离情境、跨越时空，损失可能更多。

鉴于翻译损失的波及范围之广，包括语言意义、语言外信息、社会文化、审美风格等各个环节，对上述各种因素造成的损失进行必要的补偿不仅是理所当然的，也是译者义不容辞的责任。翻译补偿就是在翻译活动中减少损失，尽可能完整再现原文信息、功能和效果的必要手段。

早在 1975 年，当代著名翻译理论家乔治·斯坦纳就从阐释学的角度提出了翻译补偿的必要性，"若想保证译文真实可靠，翻译必须要进行补偿，介入信息交换，重拾对等"。斯坦纳在他的阐释学翻译理论中对翻译补偿的必要性做过精辟的论述与推导。阐释步骤便是其描述的核心，包括四个阶段：信任、攻占入侵、吸纳和补偿。第一步是"信任"，即译者必须相信原文是具有意义的，并加以透彻的理解。而后是“攻占入侵”，因为译者对原文的理解和解释是一种无法避免的入侵活动。第三步被称作“吸纳”，指在理解原文的基础上，运用多种翻译策略将原文的形式和意思译至译入语。而最后，为了弥补翻译过程中的损失，维护原有的平衡，译者毋庸置疑地需要对翻译进行“补偿”。因此，为了尽力将源语作品的真实面貌反映给目的语读者，翻译补偿的应用不可或缺。

五、文化缺省的翻译补偿

从语篇的角度看，语篇中的任何一个元素都是语篇连贯网络中的一个结点。因此，任何一个结点上出现意义真空都会在一定程度上导致与该结点有关的连贯中断，从而无法将两个表达方式之间以及它们同上下文中其他语义单位之间的语义关系连贯起来。如果译者能够就这两个表达方式的语义缺省给读者一个交代，从而将两者联系起来，那么，读者在阅读过程中就会很容易地建立起连贯，然后才有可能对语篇做进一步的理解和欣赏。然而，将原文中的文化缺省译给译文读者却很难：忠于原作的翻译，译文读者可能看不懂；译得详尽，又可能会损害原文的审美价值。另外，文学作品的一个诱人之处就在于读者能动的参与。如果什么都给了读者，作品也就变得枯燥乏味了。因此，高明的作者会在作品中为读者留下许多想象的空间，伊瑟尔称之为“空白（gaps）”。读者正是在填补这一个个“空白”的过程中完成自己的审美历程，并获得一种独特的审美快感。“文化缺省”就是其中的一种主要类型。德国著名语言哲学家瓦尔特·本杰明在《译者的任务》一文中指出，艺术作品之所以成为艺术，并不是在于它传达了什么信息，表达了什么内容，而是在于它是如何表达的。这就需要译者对文化缺省内容做出恰当的补偿。

（一）文外补偿

文外补偿即文内直译，然后把有关文化缺省的说明放在注释中。此种译法的优点在于能较好地体现原作者的艺术动机和原作的美学价值，同时可以利用注释比较详细地介绍有关源语文化的知识；读者可通过注释建立语篇连贯。这是解决文化缺省最常见也最有效的方法，特别是在翻译文化缺省比较密集的语篇时。其缺点是读者在正文阅读中不得不中断阅读去查找注释，阅读的兴奋惯性肯定会受到一定的影响。

（二）文内补偿

文内补偿即文内意译，或直译与意译相结合，不借助注释。此种译法的优点在于能使读者迅速建立连贯，阅读兴奋惯性不会受到影响。其缺点是原文的艺术表现方式在译文中不能得到很好的体现，此外，这种透明式的处理方式也会削弱原文含蓄的审美效果。

（三）归化

归化即用蕴涵目的语文化身份的表达方式取代蕴涵源语文化身份的表达方式。此种译法的目的在于用目的语文化中常用的表达方式来取代陌生而费解的源语表达方式。比如“Milky Way”和“银河”的互译文：中国人看到“银河”的字样时，联想到的是“牛郎”“织女”“鹊桥”等；而西方人在看到“Milky Way”时，文化图式中会出现“赫拉的乳汁”“通往宙斯宫殿的乳白色的道路”等。因此，如果用不同文化图式的表达取代原作者的文化图式，就必然会导致文化误读。这类文化色彩较明显的现象还是用文外补偿的方式翻译较好。

（四）删除

删除即删去含有影响语篇连贯的文化缺省。此种译法最大的弊端就在于阻隔了文化交流，使读者无法了解本应了解的文化信息。但由于这种译法删去了含有文化缺省并可能造成意义真空的内容，从而使译文的语篇处于较好的连贯状态之中，因此具有一定的可取性。但删除了有关内容，读者就失去了了解相应异国文化风情的机会。所以，从跨文化交流的角度看，删除自然不是一个值得推荐的方法。

（五）硬译

硬译即按字面意思翻译原文，而对于影响阅读连贯的文化缺省不做任何交代。由于这种译法既不能帮助读者了解源语文化，也不能帮助读者解决由此而引起的意义真空，以至无法建立起理解语义所必需的语篇连贯，因此，有百弊而无一利。众所周知，翻译的功能之一就是促进文化交流，通过这种交流使人们对不同民族文化有所了解。而仅从目的语文化出发，置源语文化于不顾，一味迎合目的语读者，这就掩盖了原文的文化与事实，实际是对译文读者的蒙骗。成功的语言交际在很大程度上得益于交际双方对对方世界的知识和经验的预设和认同。翻译是一种双重的交际活动。一方面，译者要以读者的身份与原作者进行交际，译者本人要最大限度地达到原作者的理想读者的水平。另一方面，译者又要充当作者，对译文读者的先有知识和经验要做出准确预设。文化缺省这一原文作者和原文读者之间建立在有形语境基础之上的默契，是否会成为原文作者和译者之间，以及译者与译文读者之间的交际障碍，就都要看译者是否具有上述这两方面的能力了。

第三节 国内外学者对翻译补偿的相关研究

中外许多翻译家在翻译实践中都自觉不自觉地采用过翻译补偿手段，在一些翻译理论家的译论中都或隐或显地透露过翻译补偿思想，但翻译补偿作为一个理论命题的真正研究直至20世纪80年代才开始，直至今日，该领域的研究还远远滞后于翻译领域中其他理论问题的研究。

一、中国学者对翻译补偿的研究

（一）研究成果

在20世纪80年代以后，中国才出现零星的翻译补偿专题研究。王恩冕是国内最早涉足翻译补偿研究的学者之一。他指出补偿法是弥补语义损失的一种办法，并根据具体语言形式提出了增词法、引申法、拆译法、溶合法、替代法和转移法等六种补偿方法。

柯平是翻译补偿研究领域的另一位不可忽视的先行者，他在1991—1993年发表的系列论文中阐述了补偿法的理论根据，并用丰富的译例阐述了补偿的实际应用，共提出了八种补偿手段：加注、增益、视点转换、具体化、概略化、释义、归化和回译。

区鉷从原文与译入语概念涵盖意义的不同入手，通过细致的分析，提出了克服或规避不可译性的六种弥补手段：对等、释义性翻译、让步、直译、音译和修饰。

屠国元认为虽然人类的共性决定了各民族语言文化间的共性，使相互的交流成为可能，但各自的个性却无时无刻不在给这种交流设置障碍，因而译者处理文化个性时，妥协有时就变得在所难免。据此他提出了虚实互化、加注补义、增译达意等移植文化的有效补偿手段。

马红军在前人研究的基础上提出了两种翻译策略——隐性补偿与显性补偿。隐性补偿反映译者的归化翻译倾向，为使译文流畅易懂，译者应充分运用目的语手段，即释义、增益、具体化等策略；而显性补偿体现译者的异化翻译倾向，翻译时应运用明显的注释手段，即尾注、脚注、文内注、换位注以及附录、译本前言等。

孙迎春提出应当对音乐性、形象性、修辞手法、语言特色等方面的损失予以补偿。

乐金声从主观和客观两个方面追溯了翻译损失的原因，他主要关注的是欠额翻译的文化补偿。

褚雅芸对乐金声典故翻译中的释义法提出质疑，她认为翻译典故时应少用、慎用释义法，因为它会引起民族色彩、形象性或联想意义的损失。她认为典故翻译应以直译为主，同时辅之以音译、直译加注释等其他补偿手段。

国内对补偿问题研究得最系统、最全面的当属夏廷德，他在 2006 年出版的专著《翻译补偿研究》中阐述了翻译补偿的重要性和必要性，分析了翻译补偿研究之所以相对滞后的原因，论述了翻译补偿研究的目的、问题及研究方法。他对中外翻译补偿思想和补偿理论进行了细致的梳理，提出了建立在源语与目的语两个参照系基础之上的翻译补偿的六条原则，并结合文学翻译译例对语言学层面和审美层面的翻译补偿进行了深入的阐释。该书的出版将翻译补偿研究推向了翻译理论研究的前沿。此后几年来，翻译补偿领域的研究在理论上没有明显的突破、拓展与建树，多倾向于实证研究，尤其集中于对文学翻译中的补偿研究和对文化缺省的补偿研究，而鲜见专门针对信息性文本的补偿研究。

（二）研究特点

我国的翻译补偿研究始于 20 世纪 80 年代，第一阶段的学者包括王恩冕、柯平、屠国元、区鉷、但汉源、孙迎春、乐金声、毛华奋、陈登等。他们的着眼点往往在文化差异造成的翻译损失的补偿，研究成果主要集中在具体的补偿策略，共提出了增词法、引申法、拆译法、溶合法、替代法、转移法、视点转换、具体化、概略化等十多种补偿手段。他们的开拓性研究引起了国内翻译界对补偿问题的关注。

第二阶段研究的主要特点是发展速度加快、研究范围拓宽，并呈现跨学科研究的态势。这一阶段的 6 年间发表的论文总数是初期 20 年间的 3 倍多，在补偿类型和跨学科研究方面也有了突破。马红军吸收了国外学者关于补偿类别的研究成果，在此基础上根据补偿的位置，提出了自己较为宏观的补偿类型见解。他认为，“如果从译者在特定文本中所采用的总体补偿策略看，补偿手段还可划分为显性补偿与隐性补偿：前者指明确的注释（包括脚注、尾注、换位注、文内注以及译本前言、附录等），体现译者的异化翻译倾向；后者指译者充分调动各种译入语手段，对原文加以调整（包括增益、释义、具体化、归化等手段），以求达到读者反应对等，反映出译者总体上的归化翻译策略”。在此阶段已有学者跳出具体方法研究的初级范畴，从语言学或哲学的高度来研究补偿问题，给该领域的研究提供了新的视角。

第三阶段的研究呈现出研究人员多、发展势头猛、多学科研究更明显等特点。除沿袭补偿策略和文化补偿的研究优势外，学者们纷纷从阐释学、语言模因论、语言哲学观、顺应论、关联理论、文化图式理论、功能翻译理论等多种视角来研究翻译补偿问题，一些学者从个案研究转向更宏观的理论研究，试图建立一个科学的补偿理论体系。总之，翻译补偿领域是目前翻译理论界的一个研究热点，同时也急需学界的持续关注和继续研究。

（三）研究误区与不足

如前所述，我国翻译补偿研究自20世纪80年代末开始以来，已经受到翻译实务界和翻译理论界的足够重视，研究人员和发表的论文书目都相当可观，发展势头令人乐观。但是该领域的研究也存在一些误区和明显的不足，主要表现在以下几个方面。

一是研究质量进步不明显。虽然论文的数量有显著的增加，但泥沙俱下，许多论文较前人的研究只能算是“原地踏步”，换一个译作进行分析而已，人云亦云、拾人牙慧者众，有创新、有真知灼见者寡。

二是研究方向发展不均衡。本领域的研究一直集中于对补偿策略的研究和对文化缺省的补偿，尤其集中于文学类文本的翻译补偿，而对于补偿原则、类型等急需研究的方面却少有研究，重微观分析，轻宏观构建。

三是有关概念名称不统一。对于补偿的定义、类型、原则等学界尚未达成共识。对于补偿的概念，学者们往往只从自己的研究角度来界定，因此众说纷纭。在补偿策略方面，学者们更是闭门造车、各抒己见，一些学者阐述的补偿手段实质相同，但却冠以五花八门的名称，缺乏统一的定义，不利于研究的发展。

四是理论体系建构不完善。目前，翻译补偿研究尚处于早期，容易陷入基本范畴研究与经验层面探索的极端。理论上的研究仍显不足，相关学科或理论应用于补偿的研究还比较匮乏。夏廷德教授2006年出版的《翻译补偿研究》是该研究领域划时代的力作，但此后翻译补偿领域的研究在理论上没有明显的突破，在实践研究方面也还停留在对文学翻译中的补偿策略研究，学界只把该著作作为吸收借鉴的对象，而不是研究的新起点。夏廷德教授本人对翻译补偿也没有强劲的后续研究。

五是有泛化倾向。笔者称之为“泛补偿论”，即有的研究者把所有的翻译策略都说成是翻译补偿策略，例如，把按原文逐字对译，将意义真空留给译语读者的直译也划归为“补偿”等；还有的论文作者不顾语境和原文风格，以为有“损失”就必补偿，要补偿必用增词法，使译文冗长累赘、面目全非。

综上所述，翻译补偿研究是一个极具学术价值的研究领域。在我国，该领域的研究呈现出良好的势头，但同时也存在许多误区和不足。许多问题尚待进一步研究，如：翻译补偿的定义该如何界说；为什么补偿——翻译损失的研究；补偿什么——补偿层面的研究，语法、文化、语用、审美层次等；怎么补偿（用什么补偿）——就英译中而言，发挥汉语优势，使用四字词组、叠声词、双声词、对偶句式、平行结构等；补偿在哪——补偿类型研究，如文内／文外补偿、显性／隐性补偿、同位／异位补偿等。更重要的是，学者们必须扩大视野，尽快建立完整、科学的补偿理论体系，以此指导翻译补偿实践。

二、西方学者对翻译补偿的研究

从古罗马时期开始的许多翻译家的译论中都或隐或显地透露过翻译补偿思想，但由于“翻译损失自身存在的隐蔽性和相对性”以及“主观上对补偿必要性认识的局限性”，翻译补偿领域的研究直至 20 世纪 80 年代才得以开展。

奈达在与塔伯合著的《翻译理论与实践》中初涉翻译补偿问题，但真正开始关注这个问题是在他 1993 年出版的《语言、文化与翻译》一书中，他提出了以同构为基础的功能性补偿手段。

乔治·斯坦纳是当代翻译理论家中对补偿理论阐述得最广泛、最深入的学者之一。他对翻译补偿的研究涉及过程、原因、性质、利弊等多个层面。

纽马克非常注重文本类型和功能，他把补偿机制建立在文本类型的基础上，提出根据文本类型及其功能采取不同的补偿手段。

威尔斯把补偿看成“词位在语际转换过程中的共生部分，而不是可有可无的附加成分”。他把补偿基点置于句子和篇章结构，注重文本的交际性，纠正了传统译论中普遍存在偏执一端的做法。

哈蒂姆和梅森把翻译补偿视为在翻译行为中，通过使用等效替代手段对某种交际性损失进行的弥补，其补偿思想偏重于语言的交际功能，强调文学与非文学话语层面的共同点。

当代描写翻译研究的先驱图里的补偿理论纠正了传统理论偏执源语的倾向，提出了源语与目的语互补的双向分析原则。

对翻译补偿研究做出重要贡献的翻译学者赫维和希金斯，对翻译语用领域的补偿问题也进行了研究，为语用补偿研究者提供了较为明确的参照系统。

此外，西方还有其他翻译学者对补偿问题进行了探索，他们有的研究方向更倾向于应用领域，有些把补偿问题纳入科技语域翻译，有些属于对补偿问题的专门研究，还有些观点似乎是对上述某些观点的深化研究。

第二章　英语新闻的语言特点与翻译技巧

随着社会的变革，语言自身也在经历着无尽的变化与发展。大众媒体是语言变化与发展的最佳载体。英语新闻具有独特的语体特征，如词汇特征和句法特征等。没有基本的新闻常识，不掌握一定的新闻特征，就很难完全理解英语新闻。翻译中译者如果不了解新闻特点、翻译技巧不够灵活多样、文化积累不够广博，就会出现寸步难行的情况。

第一节　英语新闻的语言特点

英语新闻有其自身的语言特点，译者对这些语言特点的了解有助于其更好地进行英语新闻的翻译活动。下面将从词汇、句法、篇章这三方面入手通过实例分析加以解释说明英语新闻的主要语言特点。

一、英语新闻的词汇特点

词汇作为句子的基本单位，在传达句意方面起着至关重要的作用。在一则新闻报道中，新闻编辑工作者们常常较少使用生僻或专业性较强的词汇，多使用读者耳熟能详、易于接受的词汇，以符合新闻用语的言简意赅、朴实无华等要求。随着时代的变迁和社会结构的更替，新闻词汇也相应地发生了变化，多具有时髦性、准确性与模糊性的特点。

（一）新闻词汇的时髦性

叙事的时间性特点表明，任何叙事的发生都处于一定的时间范围内。新闻讲究时效性，所以随着社会潮流的不断发展，新闻报道中也相应地衍生出各种时髦词汇。这些词汇最能体现当下人们所关心的话题，反映当前时代的特征。

例 1：time famine

译文：时间饥荒

例 2：sleep camel

译文：睡眠骆驼

分析：“time famine”用于描述尽管人们整日马不停蹄地处理手头上的工作，但是仍没有足够多的时间去完成它们。它反映出了当前社会发展现状：社会生活节奏加快、工作压力增大，导致人们难以平衡工作与生活的关系。而对于“sleep camel”来说，虽然他们不存在时间饥荒问题，但是其工作生活方式还是令人担忧的。众所周知，骆驼可以在短期内存储大量食物与水并坚持多天不吃不喝。而上述这类人，他们就像骆驼一样，在工作日时，争分夺秒地利用时间工作而将睡眠时间集中在休息日。虽然他们可能可以保证自己按时完成工作任务，但是却没能更加悠闲地享受周末生活。因此，学会适当地忙里偷闲、劳逸结合，这或许是相对较为健康、易于实现的工作生活方式。

对于上述这两个英语时髦词语的翻译，译者都是采用直译的翻译方法，以简洁明了的话语传递了源语文本的信息内容。当然，英语时髦词语并不全都采用直译的翻译方法，有时候也会采用意译。

例 3：ghosting

译文：不辞而别

例 4：manspreading

译文：大爷式占座

分析：“ghosting”一词有“像鬼一样四处游荡”的意思。但是在当今社会，它更趋向于形容“在没有跟任何人或以任何形式告别的情况下，自己离开了某个交往社区的行为”。译者将它译成汉语“不辞而别”，省略了原文的表象信息，突出了其实质内容。“manspreading”是个合成词，由 man + spreading 构成，根据其字面意思，读者可在脑海中形成一幅画面：一个男人伸展开的动作。但是他为什么要做这个动作呢？事实上，在西方，该词是用来描述在公交车上，某些乘客强行张开双腿，一个人霸占着两个人位置的不文明行为。译者将它翻译成汉语的“大爷式占座”，生动形象地传达出此类人行为的霸道无礼。

从以上例子可以看出英语新闻词汇的时髦性特点。译者在进行英语新闻翻译活动时，需要充分地考虑彼此的社会背景，以减少因背景信息的缺失或误解而带来不必要的麻烦。无论是选择直译还是意译，都需要在准确传达原义的基础上，不失其灵活性与趣味性，以期使目的语读者与源语读者产生尽可能相似的阅读感受。

（二）新闻词汇的准确性

新闻语言的准确性是保证新闻叙事“事实”的重要条件。新闻行业的统一认识是新闻必须客观报道当前所发生的事件，而不应该表达报道者的意见，同时也不能随意夸大、缩小或含糊其词。因此，新闻词汇的准确选择尤为重要。

例 5：Mr. Xi，in an address later to members of Parliament at Westminster，spoke about the“deep mutual affection”between the two countries.

译文：习近平当日晚些时候在威斯敏斯特向英国议会成员发表演讲，提到“两国人民之间的深厚情谊”。

例 6：Michelle gave a powerful speech urging Democrats to “knock on every door”for Mrs. Clinton.

译文：米歇尔发表了慷慨激昂的讲话，敦促民主党人为希拉里“敲响每一扇门”。

分析：这两则新闻报道分别选择了“address”和“speech”这两个同义词来表达各自新闻当事人的演讲。字典中对这两个词汇的解释分别是“address：a formal speech that is made in front of an audience”和“speech：a formal talk that a person gives to an audience”。简单来说，address 用于为某一正式又庄严的场合而精心筹备的演讲，且该演讲通常具有官方性、目的性强、听众多的特点。而 speech 指的是事先有筹备或没有筹备的讲话，其听众并不一定很多。例 5 中，习近平主席出访英国，并在极其庄重并富有神圣意义的场合——威斯敏斯特（英国议会所在地）发表演讲。因此，在报道该则新闻时，新闻编辑工作人员选用了更为正式的“address”一词，译者将其译成“演讲”。例 6 是有关前美国第一夫人米歇尔为鼓动美国选民支持希拉里而发表的富有鼓动性的演讲，以煽动选民的参与热情。这样的“演讲”可能是事先准备或者未事先准备的，但是它并不像习近平主席的演讲那般正式与隆重，因此该则新闻报道选用“speech”一词，突出其非正式性，并被译者恰如其分地译成“讲话”。这两则新闻报道对新闻词汇的选择充分体现了英语新闻词汇的准确性特点。同时，译者在翻译时也有注意区别两者的表意，尽可能做到准确。

在不同的新闻语境下，采用不同的新闻词汇，这充分体现了新闻用词的准确性特点，它有助于保证新闻内容的准确传播与新闻价值的实现。

（三）新闻词汇的模糊性

受当前时代发展程度的影响，人们对事物的认知能力以及信息的加工处理能力具有一定的局限性，这使得人们对一些客观事物或现象的认识带有自身的主观想法，从而引起人们对一些词语概念的理解不清，产生词汇模糊性。在新闻词汇中，语义层面的模糊性最为突出。

例 7：The first explosion at about 23：30（15：30 GMT）on Wednesday was followed by another，more powerful blast，seconds later. Shock waves were felt several kilometers away.

译文：第一次爆炸发生在周三晚上大约 23：30（格林尼治时间 15：30），几秒钟后又发生了一次威力更大的爆炸。几公里外都能感受到震波。

例 8：At least 17 people were killed and hundreds injured，state media report，as huge explosions rocked the northern Chinese port city，Tianjin.

译文：官方媒体报道，中国北方港口城市天津发生巨大爆炸，造成至少 17 人死亡，数百人受伤。

分析：2015 年 8 月 12 日晚间天津发生了特大爆炸事件，外媒用了大量篇幅甚至头条来播报此突发事件。在这些新闻报道中，外媒有使用模糊性词汇。例 7 中“about”一词为模糊性词语，它限定了事件发生的时间，“大约”是晚上 11 点半。如果将该词删除，那么很可能降低该事件报道的准确性。因为不管是中方媒体还是西方媒体，大家当时都不能够准确地知道这场爆炸发生的具体时间。about 一词的使用，不仅准确地传递了新闻信息，而且表明了新闻工作人员在无法准确核实事故发生时间的情况下，以实事求是的态度报道该新闻事件。例 8 中“at least”属于数量上的模糊限制词，限制了事件造成的伤亡人数。外媒记者很难了解到具体的死亡人数，而且新闻报道本身的时效性也不允许记者花太多的时间去调查准确的人数，所以记者只能报道发稿前所了解到的大概数值范围，即“至少”有 17 人死亡。通过模糊词语的使用避免了在报道过程中将话说得过于绝对，留有余地，使报道带有一定的灵活性。

新闻词汇的模糊性特点，在一定程度上也说明了新闻用词的准确性特点。与此同时，它也间接地增强了新闻报道内容的真实性，提高了读者对其报道的可信度。

新闻词汇的时髦性特点使得新闻报道与时俱进，富有生活气息；而新闻词汇的准确性与模糊性特点则是新闻报道具有新闻价值的重要因素，二者相辅相成。

二、英语新闻的句法特点

英语新闻作为一种实用文体，有其独特的句法特点。为了节省新闻版面，新闻报道要求在最短的篇幅内传递最多的信息。因此，简单句的扩展与被动句的使用大量出现在英语新闻报道中；有时为了突出新闻内容的真实性，还会添加引语。

（一）简单句的扩展

为缩短读者阅读时不必要的时间投入，英语新闻中的句子多为简单句。但受发稿时间与篇幅的限制，记者可能会将事先预写好的简单句扩展为长句，使用插入语补充自己事后了解的信息背景以及相关知识，丰富新闻叙事内容。非谓语形式与从句的使用则是实现此目的的有效方法。

例 1：George Osborne arrived in Beijing yesterday to proclaim the advent of "a golden decade" in Sino-British relations，strengthening his role as a leading advocate of China and its slowing economy.

译文：英国财政大臣乔治·奥斯本昨日抵达北京宣告中英关系开启"黄金十年"，强化他作为中国以及正在放缓的中国经济的领先支持者的角色。

分析：为争取与中国投资合作的机会，英国财政大臣乔治·奥斯本于 2015 年 9 月 21 日开始了对中国为期 5 天的访问。虽然原文的句子较长，但是经过划分句子结构可知，原文是由简单句"George Osborne arrived in Beijing yesterday."扩写而来的。在通常情况下，记者为了在最短的时间内快速呈现最多的新闻信息，常常会将简单句扩展，以丰富原文的叙事内容。因此，在此简单句的基础上，记者添加了插入语成分，由不定式 to 和非谓语形式 strengthening 分别补充了他此次访问的目的及其带来的影响。由此，一则结构严谨、信息内容丰富的新闻报道就呈现在读者面前了。在翻译过程中，由于原文是由简单句扩展而来的，其主句与分句呈因果关系，因此译者采用了顺译的翻译方法，方便读者厘清阅读思路，理解原文所要传递的新闻信息。

例 2：Mr. Osborne's willingness to open up a sector as sensitive as nuclear power to Chinese investment is a sign that political considerations are taking a secondary role to commercial interests.

译文：奥斯本愿意对中国投资开放核电这样的敏感领域，标志着政治考虑正让位于商业利益。

分析：本例仍是有关英国财政大臣乔治·奥斯本对中国访问的报道，它也是由简单句扩展而来的，即"Mr. Osborne's willingness is a sign."。在此"willingness"与"sign"分别高度概括了原文信息内容，但其表意并不明朗，使读者不知其所云。因此，记者添加了不定式 to 引导的非谓语结构作"willingness"的后置定语，引导词 that 引导的同位语从句解释说明"sign"的具体内容。这些成分的添加都极大地丰富了该则新闻的信息内容，同时也保证了在有限的新闻篇幅内传递完整的、具体的新闻信息内容。在翻译时，如果该句也采用顺译的翻译方法，那么所得到的译文会使读者读起来拗口，并且带有浓浓的翻译腔。因此，译者选择了局部换序的翻译方法，以期做到符合中文读者的阅读习惯。

英语新闻中多使用扩展的简单句，不仅有助于新闻编辑工作者们以最节省的新闻版面传递最为丰富的新闻内容，同时也有助于实现新闻句法结构的工整、严谨。

（二）被动句的使用

由于读者在浏览新闻时，通常以一种漫不经心的状态进行阅读，而被动句将主动句中的宾语移作句子的主语，起到“先入为主”的作用，突出了重要信息内容，同时也有效地吸引了读者的注意力，诱惑读者继续阅读新闻。

例 3：Around 5 000 people were picked up by patrol boats on June 28th-29th, the busiest weekend of the year so far.

译文：6 月 28—29 日两天，巡逻船救起了大约 5 000 人，这是今年截至目前最为忙碌的一周。

分析：这是一则有关发生在地中海移民惨案的报道。非法移民想乘坐渔船前往欧洲，但是这并不易实现。本例句将动作的接受者置于句首，有利于突出重点新闻信息。通过强调移民人数，凸显该移民事件所产生的影响，吸引读者的注意力，同时在一定程度上淡化了不重要的信息内容，即动作的实施者“巡逻船”。在翻译过程中，译者将“被”字隐去，化被动结构为主动结构，符合中文的语言表达习惯。

在英语新闻中，虽然说主动语态的叙事方式可以使读者产生一种更为直观的感受，但是被动语态的使用更能为读者营造出节奏分明的叙事背景，加强叙事效果，促进各元素间的关联性。

（三）引语的添加

在新闻报道中，新闻工作者常常会使用一些引语，以直接或间接的方式引述别人的话语、观点等。新闻报道中，引语的添加打破了听记者一人“说”的局面，增强了新闻叙事的色彩性，并以准确的、简洁的方式传递新闻信息。

引语中最常见的两种表现形式为直接引语和间接引语。直接引语为作者直接引用第三方的话；而间接引语则是间接传达第三方的话。这两种引语的使用都是为了最大限度地呈现新闻事实，增加新闻报道的真实感与色彩感。

例 4：“If a company is willing to reduce pollution inside，it shows it is responsible and will have good growth，”said Shanghai resident Yao Hui.

译文：上海居民姚慧说：“如果一家公司愿意降低室内污染，那么它是比较有责任心的，前景也会很好。”

分析：该事件的主人公上海居民姚慧从一家中式家具公司辞职，其辞职的理由是办公室空气污染太严重。在本例句中，新闻记者直接引用当事者的话语，极大地增强了该报道的情感色彩与感染力。如果说，该名记者只是一味地描述应聘者在应聘工作时对干净空气十分看重，并不能强有力地说服读者。但是在报道过程中利用引语的添加可以恰如其分地加入当事人的感受，令报道具有较大的客观性以及说服力，同时也间接地凸显出记者报道该事件的意图。在翻译时，引语部分的内容可置于句首或句末，只要保证其表达连贯与完整即可。

例 5：Researcher Dr. Alexa Kimball，a professor of dermatology，said the popular perception that we drink lots of water to stay healthy is a myth and the body is“pretty good”at judging how much we need.

译文：研究人员亚力克斯·金博博士是位皮肤科教授，她称，多喝水能保持健康的流行观点是无稽之谈，我们的身体能准确判断所需的饮水量。

分析：多饮水会使女性青春永驻吗？面对这个问题，记者没有直接阐述自己掌握的信息资料，而是借助了一位博士的话，在其看来，喝水是因为身体缺水而做出的反应。所以，记者通过这位博士间接向读者传递了“多饮水并不会对女性青春永驻产生太大影响”这一重要信息。间接引语的使用明确地指出了新闻消息的来源，这不仅增加了新闻报道的真实性和客观性，而且也增加了该报道的权威性。此外，间接引语的使用在一定程度上有助于增强新闻叙事的色彩性，调动读者积极参与的热情。在翻译时，译者对“myth”一词的处理恰到好处。myth 可译为“谎言”，但是放在当前语境下该译法过于生硬，而译成“无稽之谈”，则增加了目的语文本语言的生动性。后半句中的短语“pretty good at judging”可译为“擅长判断”，但是在这里，作者想强调说话当事人的情感，所以对“pretty good”加了引号。在翻译时，译者充分理解了作者的意图，将其转译成“能准确判断”，赋予了身体主动性，营造了富有色彩感的叙事环境。

英语新闻中，引语的添加无疑是描述新闻事实的有效方式，同时它也是增加新闻文本自身叙事色彩的重要手段。

三、英语新闻的篇章特点

新闻报道具有自身的篇章结构特点。一般来说，它先概述事件的主要信息内容与特点，然后详细叙述事件的来龙去脉，尽可能用最少的篇幅提供最多的信息，以突出重要的新闻内容。

（一）倒金字塔式的篇章结构

倒金字塔式的篇章结构是指全文段落的安排不按时间顺序，而是根据新闻内容的重要性递减排列的，将最重要的、最吸引眼球的新闻内容放在最前面。这不仅节省了读者的阅读时间，提高了读者的阅读效率，而且也方便记者写稿，随时发稿而不至于漏掉关键信息内容，真正地实现新闻内容有效传播的目的。一般情况下，一则新闻报道的篇章结构由标题、导语、正文这三部分组成。

标题是一则新闻报道的“眼睛”，其高度概括了整篇新闻报道的实质性内容。它位于新闻报道最为突出、显要的位置，以此吸引读者的注意力。同时，读者也可以通过浏览新闻标题快速了解自己是否对该则新闻报道感兴趣。

导语通常位于一则新闻报道的第一段，以直截了当的方式概括了该则新闻报道最为重要、最为新鲜或者人们最为关心的新闻信息内容。通常情况下，导语会交代人们所关心的“新闻六要素”中的几个或全部，即 who（谁）、what（发生了什么事）、when（何时发生）、where（何地发生）、why（为什么发生）、how（如何发生）。

正文作为与导语的承接部分，详细地报道了与主题相关的内容，并按照新闻事件的重要性呈递减的顺序排列，将相对不重要的信息放在文末。正文可以分多个段落，但每个段落只报道一条新闻信息，且记者不对此发表自己的任何观点或想法等。

例 1：Los Angeles protects open-air reservoirs with millions of floating “shade balls”

The city has completed a program of covering open-air reservoirs with floating “shade balls” to protect water quality.

City officials this week dumped the last 20 000 of 96 million black balls into the Los Angeles Reservoir in Sylmar， 25 miles northwest of downtown. The 4-inch-diameter plastic balls block sunlight from penetrating the 175-acre surface of the reservoir.

That prevents chemical reactions that can cause algae blooms and other problems， allowing the Department of Water and Power（DWP）to meet US

Environmental Protection Agency water-quality requirements.

They have the added perk of aiding with the ravages of the drought, and are expected to keep about 300 million gallons annually from evaporating.

"In the midst of California's historic drought, it takes bold ingenuity to maximize my goals for water conservation," Mayor Eric Garcetti said in a statement.

译文：美抗旱奇招——水库投“遮阳球”

为了保护水质，洛杉矶市向露天水库投放了 9 600 万个“遮阳球”，这些球浮在水面上，水库表面已被遮盖。目前该项目已全部完成。

本周，洛杉矶市官员将最后 2 万个黑色塑料球投放到洛杉矶水库，该水库位于西马尔，距离洛杉矶市中心西北部 25 英里。这些塑料球直径为 4 英寸，覆盖了水库 175 英亩（约 71 公顷）的水面，使其避免太阳光照射。

这也可以避免发生化学反应，而化学反应可能导致水藻滋生或其他问题。此举使得洛杉矶水电局达到美国国家环境保护局的水质标准。

此举已经缓解了干旱所带来的破坏，预计每年可以减少 3 亿加仑的蒸发量。

洛杉矶市长埃里克·贾西提在一次声明中说道:“面对加州史上少有的干旱，我们需要有相当大胆的创造力来帮助我们最大化地实现节水。”

分析：该新闻标题高度概括了本则新闻事件的主要内容：为了抗旱，美国向水库投放“遮阳球”。第一段，即导语部分，总述了本则新闻事件的主要内容，交代了新闻事件的三要素：who、what、why，即为了保护水质（why），洛杉矶市（who）成功地向露天水库投放“遮阳球”（what）。第二段，即正文部分，紧接着描述了向水库投放“遮阳球”的具体新闻内容，使读者明白了什么是“遮阳球”以及它们是如何遮盖住水库表面的。第三、四段详细地说明了为什么使用“遮阳球”可以起到保护水质的作用，即避免因化学反应而产生水藻滋生问题与缓解干旱所带来的水量过度蒸发。第五段引用权威人士的话语，表明使用“遮阳球”对保护水质起到了积极作用。因此，本则新闻的叙事各元素是按照新闻事件的重要性呈递减的顺序排列的。

综上所述，本篇新闻报道采用了倒金字塔式的篇章结构。这种叙事结构实际上是对导语信息的解释与深化。它不仅突出了新闻报道的重点，而且方便读者抓住新闻报道的重点，节省阅读时间，进而提高阅读效率。

在进行翻译活动时，译者并未调整各段落的编排顺序，而是保留了原文“倒金字塔式”叙事结构的写作特色。

倒金字塔式的篇章结构以开门见山的方式向读者传递了最重要、最新鲜的新闻事实，方便读者阅读，节省读者的阅读时间。

（二）语篇衔接手段明显

英语新闻为达到语言简洁的目的，非常注重语句、段落间的连贯性，因此，语篇衔接的恰当与否是实现信息传递与交流的基础。在一则新闻报道中，记者使用的语篇衔接手段多种多样。

例 2：Alibaba Group said it would focus on high-quality and sustainable growth as transaction volume on its shopping sites slowed significantly ahead of the end to its fiscal year，a nod to the challenges the Chinese e-commerce company faces in cleaning up counterfeit goods that plague its platforms.

译文：中国电商集团阿里巴巴表示，其旗下网购网站交易量在本财年结束之前大幅放缓，将注重高质量的产品和可持续的增长。这说明中国电商在清理假货方面面临诸多挑战。

分析：本例中，记者主要通过省略和逻辑连接的语篇衔接手法进行新闻报道。省略衔接手法的使用主要体现在该段落的后半部分，“a nod”省略了主谓成分“that is”，这样就避免了句子结构冗长，实现了更加简洁、准确地报道新闻的目的。逻辑连接的衔接手法贯穿整则新闻报道，但是受中西方思维与语言差异的影响，西方人注重形式逻辑，常常将事件的结果置于句子前面，因此在翻译过程中，译者需要按照中国人的阅读思维方式，重新整合原文的信息内容，从而避免生硬的“翻译腔”。

倒金字塔式结构的采用能够为读者打造一则篇章结构清晰明了的新闻文本；而语篇衔接手段的使用，在一定程度上保证了新闻文本的工整、简洁，同时又极大地增加了新闻报道的可读性与趣味性。

第二节 英语新闻翻译概述

前面已经介绍了英语新闻的主要语言特点，这为英语新闻翻译活动的开展提供了语言保障。本节将进一步探讨新闻翻译的定义、英语新闻翻译的基本原则以及其注意事项。

一、新闻翻译的定义

新闻（news）一词由 new 派生而来，该词的词源意义就含有“最新消息”

“新近报道”等意思，所以新闻的核心是“新”，即新闻是读者应知而未知的重要事实。新闻的种类很多，依据不同的分类标准，可以有多种分类方法。根据报道的内容可以分为政治新闻、经济新闻、科技新闻、文化新闻以及体育新闻等。按照新闻事件发生的地域和范围来分类，新闻又可分为国际新闻、国内新闻和地方新闻。根据传播媒体来分类，可以分为报刊新闻、广播新闻、电视新闻、网络新闻和电讯新闻。根据新闻事件的性质可以分为软新闻和硬新闻。翻译是具有不同语言文化背景的人们交流思想、相互了解的媒介，是一种跨语言、跨文化、跨社会的特殊活动。

刘其中认为，新闻翻译是指，把用一种文字写成的新闻用另外一种语言表达出来，经过再次传播，使译语读者不仅获得源语新闻记者所报道的消息，而且还能得到与源语新闻读者大致相同的教育或启迪，获得与源语新闻读者大致相同的信息享受或文学享受。

二、英语新闻翻译的基本原则

学者们对新闻翻译原则提出了各自不同的见解，有的提出了功能对等原则，从功能对等角度分析词汇、句法层面的对等；有的提出了“信、达、雅”原则，从文体角度赋予“信、达、雅”新的内涵；还有的提出了交际原则，从交际理论探讨新闻语篇的交际功能。其中“信、达、雅”与交际理论对英语新闻翻译具有较强的指导意义。

在进行英语新闻翻译活动时，译者应该在准确理解原文的基础上，用通顺易懂的语言表达源语文本的信息内容，以保证译文的准确性。由于英语新闻翻译为实用文体翻译，以传递信息为主要目的。因此，译者在翻译的过程中还需要灵活运用语言文字与修辞手法，以提高译文的可读性与可接受性。简而言之，英语新闻翻译时应遵循的基本原则为准确性原则、可读性原则和可接受性原则。

（一）英语新闻翻译的准确性原则

与大多数其他文体的翻译相比，新闻翻译对准确性的要求更高。这完全符合英语新闻词汇的准确性特点，而且符合新闻实事求是的报道态度。如果译者未能准确地译出新闻内容，那么说明该则新闻报道所传递的新闻信息不具有任何新闻价值，不能被称为新闻。由此可知，新闻翻译的准确性原则是新闻翻译的首要原则。

例 1：China fell under the spell of the stock market over the last year，as millions of factory owners，university students，wheat growers and other investors jumped at a chance to strike it rich.

译文：去年，中国股市像是着了魔，成百上千万的工厂主、大学生和粮食种植户等投资者投身股市，追赶着这个发横财的机会。

分析：原文中作者用“jump、strike”这两个动词准确形象地描述出中国股民对投资股市的狂热，体现了新闻用词的准确性特点。jump一词本义为“跳跃”，在翻译过程中，译者使用“投身”一词准确地表达出中国股民投身股市的积极性，其“迫不及待”的心情跃然纸上。而strike本义为“打击、敲击”，在该句中，“strike it rich”中的it指代a chance，但是原文中并未直接表明这是一个什么样的机会。结合语境可知，该机会就是赚钱，而这样的“钱”似乎唾手可得，有点像“天上掉馅饼”的感觉。所以，译者对“a chance to strike it rich”的翻译很准确、很到位，即“追赶着这个发横财的机会”，将strike一词译成“追赶”，使读者极易联想到人们怀揣着发财的梦想，蜂拥前往股票大厅开立账户、购买股票的场景。

例 2：*The New Zealand Herald* reported 2.1 million people voting with the result as 56.6 percent in favour of the same flag and 43.2 percent in favour of a new flag. The 18-month process，driven by Prime Minister John Key，cost NZ$ 26 million（£11.9 million）.

译文：据《新西兰先驱报》报道，共计210万人参与投票，56. 6%的民众选择现有国旗，43.2%的民众选择新国旗。该项公投由新西兰总理约翰·基发起，历时一年半，花费2600万新西兰元（1190万英镑）。

分析：新西兰于2016年3月就是否更换国旗举行了全民公投，本则新闻是对公投结果的报道。原文中没有生僻词汇，所采用的句式结构简单，也比较工整，翻译的重点是对文中数字的处理。在翻译参与人数与所花费的金额时，译者遵守中文数字的表达习惯，以万为单位，方便读者更加清晰地知道多少人参与其中以及本次公投的花销。在整个段落的翻译过程中，译者适当地调整了句式结构，以突出关键信息点，增强叙事各要素间的关联性。然而，这些翻译活动的进行都是在遵守准确性原则的前提下进行的，它保证了原文信息内容的准确传递，为读者提供了一则富有新闻价值的报道。

在英语新闻翻译的过程中，只有原文的新闻信息内容被准确地传递才能算得上实现了自身的新闻价值，符合新闻实事求是的报道态度。

（二）英语新闻翻译的可读性原则

如果说新闻的准确性原则是就新闻文本内容所作的考虑，那么新闻的可读性原则是从文本的表达方式来体现新闻翻译的原则。良好的表达方式，既可以帮助读者更好地阅读与理解新闻内容；又能够实现译者进行翻译活动的预期目标。

例 3：Netflix stunned the show with the announcement that it added 130 new countries and regions for its streaming TV service to bring its total to 190，calling it“the birth of a new global Internet TV network”.

译文：本届展会上，奈飞公司丢出了一个重磅炸弹：宣布其流媒体视频服务的覆盖范围由之前的 60 个国家和地区增至 190 个，并称这一事件标志着“一个新的全球网络电视平台的诞生”。

分析：对于本句的翻译，译者并没有盲目地追求译文在句式结构上的对等，而是调整了原文的语序，重新遣词造句。原文若按照字面意思可译成“奈飞公司宣布的内容使本次参展人员感到震惊”，其语言平淡，对读者没有足够的吸引力。因此，译者在准确地理解了原文作者在此使用“stun”的意图的前提下，遵循了英语新闻翻译的可读性原则，采用意译的翻译方法将其形象地译成“丢出了一个重磅炸弹”，这确实使人感到“震惊”。它不仅与后文“一个新的全球网络电视平台的诞生”相呼应，而且准确地表达出作者想要重点强调的信息内容，使读者快速掌握新闻信息的重点内容。与此同时，译者对数字 130 的处理十分巧妙。原文是指该公司的流媒体视频服务范围增加了 130 个国家与地区，但是在这里译者并未直接译成 130，而是转化成了该公司原始服务范围的数量，即 60。与增加了 130 相比，由 60 到 190 使读者更能直观地感受到其较大的进步，为下文的“一个新的全球网络电视平台的诞生”提供了强有力的数据说明，同时也增加了目的语文本的可读性。

新闻报道的目的是方便读者获取最近的新闻消息，那么新闻报道的可读性原则帮助了读者更好地阅读与理解新闻所要传递的信息。

（三）英语新闻翻译的可接受性原则

一篇新闻译本只要符合准确性原则与可读性原则就是一篇好的新闻译稿吗？事实恐怕并非如此。因为除了新闻内容与新闻表达方式之外，新闻的表现形式也是新闻翻译过程中值得考虑的因素。我们不难发现，在翻译任何一种文本时，其所采用的风格都是翻译过程中不可或缺且尤为重要的一部分。英语新闻的翻译活动更是如此。新闻翻译的可接受性原则要求：在新闻翻译过程中，除了要注意译文与原文的文体风格的对等，还要注意译文应适当地接受读者的语言与文化习惯等。一般来说，文体风格主要有正式化、中立化与非正式化这三种类型。英语新闻则属于正式文体，因此在英语新闻翻译过程中，新闻翻译工作者要做到文体风格的正式化，多以书面语为主。众所周知，新闻报道的内容多种多样，所以译者需要针对不同的新闻内容采取不同的语言表达方式以及文体风格。

例 4：According to the Xinhua News Agency，the first places to be renamed will be any that "damage national dignity" or conflict with core socialist values，as well as those which have attracted the most public complaints.

译文：根据新华社的报道，首批需要接受整改的包括那些“有损民族尊严的”，与社会主义核心价值观冲突的，以及引发公众极大争议的地名。

分析：在当前社会中，人们为了追赶时髦，取了与事实不符的地名。对于这些乱命名的地方，国家相关单位要求其整改。在本例中，作者虽多使用简短的小词，但是采用的句式结构较为复杂，多用前置或后置定语。因此，如果译者按照原文的句式结构进行翻译，所得到的译文会显得拖沓且无法突出原文的重要信息内容。所以，译者采用了可接受性原则，在保留了原文的文体风格，即在使用通俗易懂的词汇的基础上，将原文中定语部分的内容翻译成名词结构，以一种更加清晰的表现形式传递了原文的新闻信息。这方便了读者迅速浏览新闻信息内容，实现了译文的可读性与可接受性。

例 5：Let's face it—no one consciously decides to sabotage their diet. According to stimulus-response theory，we're often derailed by a kind of knee-jerk way of thinking：You see a TV commercial for a juicy bacon double cheeseburger（stimulus）and next thing you know you're driving to McDonald's（response）.

译文：面对现实吧——大家都不是有意识地要破坏自己的节食计划。根据刺激－反应理论，我们常常会被下意识的思考方式所干扰：上一秒你在电视上看到培根双层芝士汉堡的广告（刺激），下一秒你就发现自己已经在开车去麦当劳的路上了（反应）。

分析：减肥是许多人的目标，但是减肥的效果常常不符合大家的预期目标，这是为什么呢？该则新闻为读者抛出疑问并为读者做出了相应的解释：这是由于我们受下意识的思考方式所干扰而影响了减肥效果。因此，在新闻翻译的时候，译者需要遵守原文的叙事关联性与叙事因果情节设置，积极构建目的语文本的叙事环境，并且在遵守可接受性原则的前提下，保留原文的叙事风格，以轻松、生动的语言传达原文的信息内容。

在英语新闻翻译过程时，可接受性原则的遵守可以有效地保证译文不偏离原文的文体风格，使目的语读者真正体会到“原汁原味”的新闻信息。

总而言之，在英语新闻翻译的过程中，译者要时刻遵循准确性、可读性和可接受性这三大原则，不仅要保证文本内容的准确性，还要确保文本形式呈现的可读性。当然，从整体来说，译者在开始翻译工作前还要懂得把握文本的文体风格，以实现译文读者阅读译文同原文读者阅读原文具有尽可能相同的阅读效果，使目的语读者欣然接受该译文。

三、英语新闻翻译的注意事项

受英语与汉语之间差异的影响，译者在英语新闻翻译活动中会遭遇诸多障碍。其中，语言差异是首要障碍。英语注重形合，强调结构与形式间的紧密衔接；而汉语注重意合，关注语言本身的功能与意义等，因此汉语相对较少见到连接成分，语言整体呈现简洁的效果。英汉这两种截然不同的语言体系必然承载着各自不同的文化传统，因此，这为英语新闻翻译活动增添了不少阻碍。那么译者在新闻翻译过程中，如何才能顺利传达原文的信息内容呢？下面将介绍译者在英语新闻翻译活动中需要特别注意的两个方面，即语体风格的准确把握和文化因素的恰当处理。

（一）语体风格的准确把握

所谓的语体是指在不同的社会生活领域，人们针对不同的语言环境、说话对象所使用的词汇、句式、修辞手段等也是不尽相同的。风格就是指使用语言时呈现出的格调和气氛，它包括不同的方面，如民族风格、时代风格、语言风格。上述所说的语体则属于风格中的语言风格。

英语的语言表达受形态制约，通过形态的变化、语序的调整和虚词的使用等来表示语法关系，并连接许多修饰成分或从句等。因此，英语句子中各部分的顺序相对比较灵活，但是语法结构较为明显；汉语的表达虽不受形态的制约，但是其主谓结构比英语复杂得多，它需要按照一定的逻辑结构，有先后、有主次地合理安排句子各成分。在英语新闻翻译过程中，译者可先分析英语的句子结构、彼此间的逻辑关系，这样有助于确定英语句子功能的意义，从而真正地把握原文的语体风格。

例 1：Rivals cast this as a liability during the campaign as he tried to convince voters Trudeau was shrewd and experienced enough to be prime minister. Trudeau is actually only three years younger than outgoing Conservative Prime Minister Stephen Harper was when he was first elected in 2006.

译文：当特鲁多在竞选时向选民力证自己精明干练、阅历丰富，足以胜任总理一职时，他的对手总是利用他的年纪来攻击他。其实特鲁多只比即将离任的保守党总理斯蒂芬·哈帕在 2006 年初次当选时年轻了三岁而已。

分析：这是有关贾斯汀·特鲁多打败前总理及保守党领袖斯蒂芬·哈帕成为加拿大新任总理及自由党领袖的报道。虽然就这两句话，但是其传达的信息内容相对较多。从整体上来看，该段话在选词方面并没有使用过于严肃、生硬或生僻的词汇，反倒透着一丝趣味性，其句式结构相对较为复杂。因此在准确性原则的指导下，译者可以就此奠定本段话的情感基调以及可采用的词汇类型。值得注意的是，原文所采用的句式结构并不符合汉语的句式表达习惯，因此，译者需要把握句子中各部分内容间的逻辑关系。如第一句中连词 as 引导时间状语，在翻译时需要将该部分内容提前，然后再翻译该行为所带来的结果，以符合中国读者的叙事习惯。在第二句中，出现两个连词“than”和“when”，前者表对比的关系，在翻译时应保留原有的句式结构，即“……比……年轻了三岁”；后者“when”引导时间状语，为了避免句子结构过于松散，在翻译时可直接将该时间状语的内容作前面主语的定语，实现了表达言简意赅的文体要求。总之，按照读者的阅读习惯重新调整原文的句式结构可增强文本的可接受性与可读性。

例 2：One mother left her children alone to decorate eggs，only to come back and find the word “fart” written across them. Mum Krista Thomsen，from Seattle，shared a photo of the results of her attempt at egg decorating with her son，who had split dye all over the carpet. Others accidentally left chocolate hidden too long and ended up with melted eggs or bunnies that didn’t look forward to appealing any more.

译文：一位妈妈让孩子们独自装饰彩蛋，回来时却发现鸡蛋上写着大大的“屁”字。来自西雅图的妈妈克里斯塔·汤姆森分享了一张她尝试与儿子一起装饰彩蛋的照片，照片上她的儿子把染料洒得整个地毯都是。还有一些家长不小心把巧克力藏太久了，结果巧克力蛋和巧克力兔子都融化了，完全没有造型可言。

分析：本则新闻报道以一种轻快明朗、略带幽默的叙事风格，为读者呈现出一幅父母为孩子的复活节礼物制造惊喜，但事与愿违，反倒留下了许多“复活节败笔”的画面。原文的语言朴实无华，无过多修饰，因此在翻译的过程中，译者应遵循英语新闻翻译的准确性原则，尽量使用非正式语体，不使用华丽辞藻，力求译文与原文语体风格的一致。

语体风格的准确把握能够拉近译文与原文间的距离，使得读者体会到与原文读者相近的阅读感受。

（二）文化因素的恰当处理

人类社会的不断发展促使人们之间的思想交流媒介——语言也逐步深深打上了民族的历史文化烙印。英语新闻作为英语国家信息的传递者，其所报道的新闻内容涉及社会的方方面面。毫无疑问，这些新闻报道中包含着一些文化现象。对于翻译过程中出现的文化因素，需要采取恰当的处理方式，切不可盲目地采用字对字、词对词和句对句的翻译方法，而应该站在跨文化的视角思考是采用“归化”还是“异化”的翻译策略。

随着全球各国间交流的日益密切，目的语人群对源语文化的了解也越来越多，所以这些目的语受众愿意了解更多原汁原味的异域文化。因此在翻译过程中有时要尽可能多地采用“异化”的翻译策略，这样有助于体现文化的多样性，促进彼此间的相互学习与交流，实现中西文化的有效交流。然而在有些情况下，译者一方面受限于目的语受众对源语文化背景知识的缺乏，另一方面如果直译源语语言可能会造成语义的改变甚至丧失，这时译者就需要采用“归化”的翻译策略。

例 3：Capital outflows reignite debate between China bulls and bears

译文：资本外流引发中国经济牛熊之辩

分析：不管在东方世界还是西方世界，人们都使用“bull”和“bear”描述股市行情的好坏。然而这一表述方式最早起源于西方，对于古老的西方狩猎人来说，公牛浑身都是宝，常常被人们视为财富的象征，同时公牛本身具有蛮劲与攻击性等特点，因此人们喜欢用它来形容股市红红火火，呈上升之势。熊较公牛更善于冷静思考，善于等待反击的良机，人们则用熊形容股市行情下跌。但是在中国的历史文化中，牛和熊并没有这样特殊的文化意义。随着经济全球化进程的加快，中国以更加兼容的姿态吸收外来文化，“牛市”和“熊市”的说法也被中国人所广泛接受与吸收。因此，译者在翻译时保留了原文的意象，直接采用“异化”的翻译策略，直译其字面意思。

在进行英语新闻翻译时，译者必须注重这些文化差异。在了解本民族文化的同时，也要深入了解外国文化，把文化冲突降低到最小。如果遇到同一概念，不同的国家具有不同的语言表达方式，那么译者不应拘于原有的语言表达形式，而应积极采用归化的翻译策略，“把原作者带入译语文化中”；反之，译者面对文化差异时，应接受差异，积极向作者靠拢，采用异化的翻译策略，“把读者带入外国情景中”。

译者通过遵守准确性、可读性以及可接受性这三个基本原则，可以更加顺利地开展英语新闻翻译活动。同时，译者还需要特别注意语体风格的准确把握以及文化因素的恰当处理，从而得到合格且具有阅读价值的新闻译稿。

第三节　英语新闻的翻译技巧

做好翻译的第一步要先理解，由于英汉语言的差异性，很难将源语和目的语一一对应，如果不理解其中的真正内涵，只是按照单词的字面意思逐个翻译，就会显得译文生硬难懂、不知所云，所以这就要求译者使用一些翻译方法和技巧达到准确翻译的目的。尤金·奈达提出了“功能对等”理论，认为“翻译是用最恰当、最自然和对等的语言从语义到文本再现源语信息”，所以根据尤金·奈达的功能对等理论，不能仅仅局限于词句含义，要在纵观全局意思的基础上，找到译语与源语的共同属性。而对等词的选择是相对的，因为在某一语境中要想选择一个合适的等值成分取决于语言及语言之外的多种因素。又有学者提出了新闻翻译应该符合特定语境，不应该与文本特定语境割裂开来，其根本原因就是中西语言有一定的差异，特别是中英语言在文字形式、文化和意识形态方面有着较大不同，因此在翻译英语新闻时应采取必要和灵活的翻译策略和方法，对原文进行适当增删和改写。

一、英语新闻标题的翻译

在新闻报道中，标题总是最先与读者见面的，因为人们看报总是要先看标题。标题，作为新闻报道的眼睛，除了要简洁、准确外，更要做到鲜明、生动、活泼、别致等，这是时代发展的要求，也是媒体受众的要求。

标题是对新闻内容的集中和概括，它用简练的文字浓缩了新闻中最主要或最值得注意的内容。英语新闻标题的措辞、语法、修辞乃至标点符号等方面的特点较为突出。从句法上来说，英语新闻的每个标题都是一个完整的主谓结构，但是，在实际使用中却并非总以一个完整的句子形式出现。英语新闻的标题总的来说有着以下几个最常见的文体特点：①新闻报道为过去发生的事件或者是对客观事实的一般叙述，动词的时态一律使用一般现在时；②词汇大量使用缩略形式；③标点符号的特殊运用；④省略助动词和连系动词等虚词；⑤省略冠词，尤其是定冠词，而不定冠词则视情况而定。

（一）时态的使用

英语中的动词有时态变化，在英语新闻标题中也不例外。但由于新闻标题必须言简意赅，不可能采用英语的所有时态形式来浓缩新闻事实。为此，新闻标题形成了自身独有的时态特点，以达到使动词既传神达意又具有时间感的目的。英语新闻标题中一般不用过去时态，当然更不用过去完成时等时态，而采用现在时态，使读者阅读时一如置身于新闻事件中，这叫作“新闻现在时”（journalistic present tense），与文学写作中的“历史现在时”（historical present tense）实际上完全一样。所以，英语新闻标题中常用的动词时态主要有三种：一般现在时、一般将来时和现在进行时。一般现在时通常被用来表示过去发生的事。

通常情况下，报刊所载消息多为已发生过的事，按日常英语语法，标题中的动词应使用过去时态。但是这样容易使人产生一种陈旧感，缺乏吸引力。为了弥补这一缺陷，英语新闻标题常用一般现在时从形式上来增强报道的新鲜感（freshness）、现实感（reality）和直接感（immediacy）。此外，标题采用动词的一般现在时还可省去动词过去式构成中常见的 -ed 两个字母，以此节省标题字数。正因一般现在时在英语新闻标题中的这一特殊用法，初读英语报纸的读者应特别注意这一现象，不要误以为是日常英语语法中的一般现在时，从而影响对全文内容的阅读与理解。

英语新闻标题中动词将来时的表达形式除一般将来时“will + 动词原形”外，更多的还是采用“连系动词 be + 动词不定式”结构，其中连系动词 be 通常省略，以节省标题字数。换言之，动词不定式在英语新闻标题中可直接表示将来动作，这是因为不定式标志 to 只由两个字母构成，比一般将来时中的 will 短，故频频见诸英语报端。对于正在发生的事态或动作，英语新闻标题也按日常英语语法规则处理，采用现在进行时“be + 现在分词”这一形式，但其中 be 又通常省略。因此，剩下的现在分词便在新闻标题中直接表示正在进行的动作或正在发展的势态。

例 1：Yelp Shares Leap to All-Time High

译文：Yelp 股票激增至历史最高

例 2：Professors Avoid the Middleman in Hawking Expertise to Companies

译文：教授避免通过中间人向企业出售专业意见

例 3：Cargo plane crashes in Afghanistan，kills 7 Americans

译文：货运飞机阿富汗坠机，7 名美国人死亡

例 4：FAA suspends furloughs，typo or not

译文：美国联邦航空局暂停休假，或因排版错误

例 5：Israeli Airstrike in Gaza，Kills 1 Palestinian

译文：以色列空袭加沙地带，一名巴勒斯坦人死亡

例 6：BOE’s Miles Sees CPI Near Two Percent at End of Year

译文：英国银行迈尔斯预计：消费者物价指数年底达到百分之二

（二）词汇缩略形式

英语新闻标题中常见的词汇特点之一就是大量使用缩略词，其中既有首字母缩略词，也有节缩词，即“掐头去尾”的词汇。这样可节省标题版面词数，更好地提示新闻内容，使人读来颇感简洁易记，减少版面编排的沉闷之感。例如：

例 7：The Sequester Cuts Shouldn’t Have Hurt the FAA at All

译文：财政削减本不应损害美国联邦航空局利益

例 8：ADB Tells Delegates What Not To Wear

译文：亚洲开发银行告知与会代表穿戴忌讳

新闻标题除了使用缩写词外，还经常运用节缩词。节缩词，亦称减缩词，通过“截头去尾”的方法将一些常用的名词、形容词等截短或缩短，其同样是为了节省标题字数。如 graduate（毕业生）= grad，hospital（医院）= hosp，billion（十亿）= bn，percent（百分比）= pc， cigarette（香烟）= cig。这类节缩词不仅在标题中广泛使用，以节省篇幅，而且还时常出现在新闻报道的行文中。有时，这类词汇很难在词典中查到。

（三）标点符号的特殊运用

英语新闻标题一贯注重结构精练，因此基本上是不使用标点符号的。但是，标点符号在英语新闻的标题中还是有着其特殊作用的，而这个时候标点符号的使用同样是为了节省标题字数，同时也可以更好地表示各意群之间的关系。英语新闻标题中使用的标点符号只有两个，一个是逗号，另一个是冒号。逗号是用来代替连词 and 的，通常是当标题中出现并列主语、谓语或宾语的时候，这两个并列成分之间就用逗号相隔，而不是用 and，因为显而易见，and 的三个字母和一个逗号相比，后者显然能够更好地节约字数。当标题出现两个中心的时候，逗号也会用来分隔两个子句，不过，这种情况并不太多见，这是因为英语语言的规律决定了英语新闻标题一般尽量避免双中心，而是确定一个中心。英语新闻中使用冒号同样是为了节约字数，通常若要强调一个新闻人物或者事件发生的地点，而这个新闻事件本身又可以用一个主谓结构来表示，则在表示人物或地点的名词后加上一个冒号，再跟上主谓结构标题形式。这时候，这个冒号一般来说表示的是“说”的意思，但是有时候也表示的是连系动词“是”的意思。

例 9：Synchro de Mayo：A Struggling U.S. Sport Throws Itself a Party

译文：美国花样游泳处境艰难，举办梅奥盛会挽救危机

分析：由于美国花样游泳人才缺乏，他们便组织了一个名为“Synchro de Mayo”的盛会（party）来挽救危机。

（四）省略助动词和连系动词

从语法角度来看，英语新闻标题有一套独特的语法体系，与人们平时常见的英语句子的语法有所不同，新闻英语学者称之为“标题语言”（headlines）。其中，标题中虚词的省略就是其重要特点之一。

（五）省略冠词

英语新闻中，冠词也是经常被省略的一类词。一般来说，定冠词基本上都省略，而不定冠词大多也被省略，但是如果强调某个单词，或者说不定冠词兼有数量意义的时候，一般就不会省略。

例 10：George Jones' funeral to be open to public

译文：乔治·琼斯的葬礼将向公众开放

分析：完整形式应为“to the public”，省略了定冠词 the。

二、英语新闻词汇的翻译

新闻词汇的特点：大量使用小词、缩略词；不断涌现新词；频繁使用专业词；广泛借用其他英语词汇及使用习语、俗语等。针对不同类型、不同情况的词汇，笔者将新闻词汇翻译技巧归纳为以下两点：第一，遵循约定，直接套用。如地名、人名、机构名称，在汉语中有着约定俗成的惯用译法。因此，翻译新闻词汇时，很多时候只要直接套用约定俗成的表达就可以达到准确达意的效果。能直接套用就直接套用，使用对应的词汇，而不能自己想当然、随心所欲地造词。第二，根据语境，准确解释。新闻由于受到篇幅和报纸版面的限制，以及要达到行文简明、便于读者阅读的效果，在用词方面，倾向于选用简短的词汇，尤其是单音节词，来替代复杂的多音节词，常见的有 ban（prohibit）、cut / trim（reduce）、back（support）、boost（increase）、probe（investigate）、talk（negotiation）等。这类小词有一个共同的特点，那就是词义比较灵活。弗斯曾说过：每一个单词在新的语境中都是新的单词。可见，语境对于词义选择有着重要的意义，针对新闻中常用一些灵活小词和一词多义的现象，译者们在处理的时候，要充分地运用语境的作用，结合上下文来灵活地判断单词的意思，从而准确地选择词义。

有的译者在工作中容易忽视简单的句子和常见的多义词，往往自己翻译错了还不知道。译者遇到复杂的句子或生僻的词语时，往往会多动脑筋，不厌其烦地查阅词典或参考书，或者请教别人，因此译文犯错误的概率反而低一些。

例如，“level”一词通常译为“水平”，其实在一些句子里“level”译为“水平”并不恰当或者并不通顺。这里举出两个译例。

例 1：Increased alert level

译文：警戒标准提高

例 2：The three broadcasters—KBS，MBC and YTN—reported varying levels of trouble containing the virus.

译文：韩国广播公司、韩国文化广播公司和联合电视新闻台三家广播公司都不同程度地报道了黑客攻击引发的故障。

翻译时，会出现这样一种情况——不加辨别，熟词硬译。熟词硬译是指对英语中一些常见词不加辨别地进行翻译。这类翻译的基本特点是，往往把有关英语单词在汉英词典中的首要意思生硬地搬到译文中，结果造成误译。只要多看几条词的释义，多揣摩英文解释，多理解原句的意思，多联系上下文，并灵活地使用相对应的汉语词语，就能减少或避免这种现象的出现。

三、英语新闻长句的翻译

（一）简单句的扩展、复合句的翻译

简单句的扩展就是通过使用定语、状语等成分扩展简单句。简单句的使用有助于清楚地表述事情的发展过程，方便读者阅读和理解。但由于字数限制，记者会在简单句中塞入更多信息，从而改变句型结构。尽管扩展后的长句通常无生词，但结构长且信息量大，因此较难翻译。为了适应中文的阅读习惯，翻译时可以将冗长的扩展句拆开表述。

例 1：If these people from the political class were dependent on Medicare and Obama Care for their health care，and Social Security for their retirement，they would just as quickly fix these institutions.

原译文：若这些政治人物为了自己的医疗保健，必须依靠奥巴马进行医疗保险和医改计划，以及为了自己退休后的社会保障，他们会愿意尽快扶持这些机构。

现译文：如果这些政治人物依靠医疗保险、依靠奥巴马医改计划获得保健，并且依靠退休后的社会保险，他们肯定会尽快改善这些机构。

分析：原译文虽然和现译文一样忠实于原文，但其汉语语言表达不如现译文组织得通顺、紧凑。

例 2：When people used to routinely mock synchronized swimmers for their peacock makeup and matching nose clips，the nation's top competitors in the sport held a trump card：Olympic medals.

原译文：在人们惯于嘲笑花样游泳队员的孔雀妆和相配的鼻夹时，美国在此项运动中的顶级对手持有一张王牌：奥运会奖牌。

现译文：尽管人们过去常常嘲笑花样游泳队员的孔雀妆和相搭配的鼻夹，但在此项运动中美国最具实力的运动员持有一张王牌：奥运会奖牌。

分析：原译文对"the nation's top competitors in the sport held a trump card"理解错误，造成原译文内容出现偏失，不符合英语原文的真实意思。

例 3：But ahead of the London Games last summer，the U.S. failed to qualify as a team in the sport for the first time a low-water mark for a nation that dominated synchronized swimming from its glittery Olympic launch in 1984.

原译文：从 1984 年受人瞩目的奥运会举办以来，美国在花样游泳上占主导地位。但在去年夏天的伦敦奥运会之前，美国首次失去了该项目的团队参赛资格，从此进入低潮期。

现译文：自从 1984 年奥运会上花样游泳闪亮登场，美国队就在花样游泳上占主导地位。但在去年夏天的伦敦奥运会之前，美国首次失去了该项目的团队参赛资格，从此进入低潮期。

分析：原译文误以为"glittery"的修饰对象是"Olympic"，造成原译文翻译错误、不符合原文意思。

例 4：Daisy Dowling，head of talent development at Blackstone Group LP，BX + 2.11% says she and her peers now build their own global contact lists to determine which subject-matter experts match a company's culture，offer relevant content and are entertaining teachers to boot.

原译文：黑石集团（近日股票增长 2. 11%）负责人才培养的黛西·道林表示，她和同事现在在建立全球联系名单，以确定哪位主题专家与哪个公司的文化匹配、可以提供相关内容和让老师乐意去引导。

现译文：黑石集团（近日股票增长 2. 11%）负责人才培养的黛西·道林表示，她和同事现在在建立全球联系名单，用以确定哪位主题专家与哪个公司的文化匹配、哪位专家可以提供相关内容以及哪位专家通过使教师感到愉快来激发其动力。

分析：笔者翻译这句话时，没理解“boot”的意思，也没明白“experts”与“offer”“are entertaining”的关系，所以原译文偏离了原文含义。

例 5：You are likely to come across hoards of potential interns who are begging for experience and wouldn't hesitate to work for free. But going this route can have detrimental effects on your internship program and can put your company in legal hot water.

原译文：你可能遇到有潜力的实习生，他们渴求经验，不会犹豫去免费工作。但是沿着这条路线，可能会对你的实习生计划有坏影响，并且会将公司置于法律的水深火热中。

现译文：你可能遇到有潜力的实习生，他们渴求经验，面对无薪工作毫不犹豫地接受，但这可能会对你的实习生计划有不良影响，并且会将公司置于法律的水深火热中。

分析：原译文基本忠实于原文内容，但是表达不顺畅，包括“不会犹豫去免费工作”“对你的实习生计划有坏影响”，现译文的表述就得到了改善。

例 6：The entire country oozes amore，but Florence is at the top，providing renaissance romance and endless vino. Gaze on the world's best artwork，get lost in the city's historic streets，or take a drive through the Tuscan countryside. The Boboli garden bursting with pink roses is one of the most delightful spots for whispering sweet nothings into your lover's ear.

原译文：整个意大利都散发出爱的气息，但佛罗伦萨的爱情最为浓郁，这里有文艺复兴的罗曼蒂克，也有喝不完的美酒。欣赏着世界顶级的艺术作品，迷失在历史悠久的街道，驾车穿梭于托斯卡纳的乡村美景。波波里花园绽放着粉色玫瑰，在这里，情侣间呢喃情话是最赏心悦目的美景。

现译文：全国都散发出爱的气息，但佛罗伦萨的爱情最为浓郁，这里有文艺复兴的浪漫故事，也有喝不完的美酒。欣赏着世界顶级的艺术作品，陶醉于历史悠久的街道，驾车穿梭于托斯卡纳的乡村之中。绽放着粉色玫瑰的波波里花园是最适合呢喃情话的情侣们欣赏美景的地方之一。

分析：原译文中，将主语“The Boboli garden...is one of the most delightful spots”错误地译为“情侣间呢喃情话是最赏心悦目的美景”，造成信息的失实。

翻译信息量大的长句时，需要用到以下几种方法：第一，理清句意，整理句序。中国人和以英语为母语的人群，存在着一些共同的生活经历和经验，在对事物的认知方面存在一些共性，反映在语言中，就是一些句子的表达遵循着基本相同的时间和逻辑顺序。在英语新闻翻译中，对于这类句子，译者按照翻译原则、客户要求，一般会直接按原文的顺序进行翻译。然而，英汉句子的表达除存在一些共性外，同时也有许多差异，比如英语复合句习惯将重要信息置于句首，而汉语则恰恰相反。翻译这类句子时，应该在理顺句子意思的基础上按照汉语的表达习惯调整句序。第二，重组拆分，变长为短。在翻译英语长句时，译者要根据句子的意思，对其进行适当的拆分、重组，也就是变长为短，将一个英语句子中的一些修饰成分，尤其是从句，单译成独个句子，用两个或两个以上的汉语句子来表达一个英语句子的意思，从而避免所谓的“欧式中文”。在英译汉时，会大量出现欧式汉译，这是指不顾汉语表达习惯，生硬地套用英语句式，导致英文僵硬费解的一种翻译方式。这种现象由来已久，一方面是由于英汉两种语言本身和各自的文化背景存在着巨大差异，这使一些语句在互译时不可能一下子就达到“理想”状态，甚至存在着“不可译”的现象。另一方面，可能是由于译者本身双语功底不够深厚，一不小心就陷入了这种差异的陷阱。第三，恰当转换，流畅表意。英语新闻中经常使用名词化结构，其原因是名词化结构的使用利于信息附着，与英语多用名词的特点相比，汉语更习惯使用动词，所以，在英语新闻句子汉译中，常常会涉及词类的转换，其中比较常见的就是将名词、介词、形容词等转译为动词。

（二）被动语态的翻译

英语被动语态广泛使用在科技文体、报刊文体、官方或公示文体之中。根据统计分析，与汉语相比，英语新闻使用被动语态算得上十分频繁。因此，英语新闻汉译时，通常将英语被动句转译成更符合汉语表达习惯的主动句。

例 7：The banks that were affected reported problems with a variety of systems，including Internet banking，ATMs and telecommunication services，and some branches stayed open late because of the slowdown，Yonhap said.

译文：韩国联合通讯社报道称，受到攻击的银行遇到了诸多系统问题，包括网上银行、取款机和电信服务问题，一些支行由于网络中断只好延长营业时间。

例 8：Paris Jackson，the 14-year-old daughter of Michael Jackson，is being questioned Thursday about her father’s last days as part of her family’s wrongful death lawsuit against a concert promoter.

译文：迈克尔 · 杰克逊 14 岁大的女儿帕丽斯 · 杰克逊，周二受警方盘问她父亲生前最后的生活，这是由于她家人以过失杀人罪起诉演唱会组织者。

（三）直接引语和间接引语的翻译

新闻为了体现所述事实的客观性以及记者的中立态度，经常使用一些直接引语或间接引语，用别人所述来说明问题、讲述事实。

例 9："Most common of all was the bullying arrogance of a society that presumed to know what was best，" Gillard said.

译文：吉拉德说："一个社会倚强凌弱、自以为是地决定哪种选择才是最好的，竟然还认为这是最平常自然的事情。"

例 10：A typo kept President Barack Obama from signing legislation designed to end budget-related FAA air traffic controller furloughs blamed for widespread flight delays，a congressional source told CNN.

译文：一位国会内部人士告诉美国有线电视新闻的记者，由于一个排版错误，使得奥巴马总统无法签署旨在停止空管员无薪休假的立法。因受财政预算削减影响，美国联邦航空局实行空中交通管理员无薪休假，但又导致了大范围航班延误。

第三章　网络英语新闻与报刊英语新闻

网络英语新闻和报刊英语新闻是人们获取政治、军事、贸易、经济、教育、医疗卫生和法律等社会各个领域资讯的重要手段和途径，受众不仅需要具备广博的综合知识和背景知识，还需了解网络英语新闻和报刊英语新闻的文体特点，才能做到对英语新闻的准确理解。从另一个角度来说，无论网络英语新闻还是报刊英语新闻，都有其自身的规律，揭示和了解其规律，了解其写作及语体特点，对于提高阅读效率和效果有事半功倍的作用。

第一节　网络英语新闻与报刊英语新闻的对比

具有独特传播优势的网络传播被称为第四媒体，是新闻传播的一个全新而高效的新型媒介。网络新闻有着不同于传统新闻媒体的鲜明特点：第一，打破了时空限制；第二，具有全球化、互动化、即时化的特点；第三，内容的海量性和形式的多样性。随着计算机时代的飞速发展和因特网的普及，网络新闻已成为人们获取信息、了解世界实时动态、获得资讯的重要渠道。网络新闻作为一种全新的传播方式，因其传播速度和内容更新快，受众面广和不受时间、地点限制等优势，正逐渐成为人们喜爱的阅读方式。随着对外开放的日益扩大，人们越来越多地依赖各种英语媒体（报刊、影视、影像、网络等）获取信息。因此读者了解英语媒体的语言规律和语体特点，已成为信息时代理解英语知识或获取新闻资讯的必然要求。对于英语新闻，无论是网络英语新闻还是报刊英语新闻，虽然同属英语范畴，但就写作方法和语体而言，与其他文体相比，还是有许多不同之处。英语新闻的结构一般包括标题、导语和主体，不管是网络英语新闻还是报刊英语新闻，都是本着“KISS”（keep it short and simple）的原则进行写作的。本节对网络英语新闻和报刊英语新闻的特点进行分析和比较，以期读者能够更好地掌握其特点，提高英语新闻阅读效率和英语新闻写作水平。

一、网络英语新闻与报刊英语新闻的版式对比

（一）题文分离与题文一体

每个网站中的新闻往往多达成百上千条，而同一则新闻中又包含数条、数十条乃至上百条相关新闻。网络英语新闻与报刊英语新闻不同，版面的局限性和页面第一视觉区域的有限性，使其信息量不可能一览无余。因其网站页面所限，通常题文不在一个版面，主页只将一系列新闻标题列出，因此网络新闻的标题与内容是分离的，即“题文分离”。读者可根据自己的需要，点击标题链接阅读正文。只有那些引人注目的标题，才能吸引上网者通过点击打开新页面来获取相关信息。而报刊英语新闻则是“题文一体”，标题下就是全文。

（二）标题附加元素与标题单一

由于版面局限性和页面第一视觉区域的有限性，网络英语新闻除了以精练的标题来吸引读者的眼球外，标题往往还带有附加元素，如在一些重要事件新闻标题旁辅以图像，对刚刚上传的新闻标题加上特定的表意符号，把有些标题设置为动态字符或动画形式等。而报刊英语新闻的标题则是单一的，不带有标题附加元素。

二、网络英语新闻与报刊英语新闻的标题对比

标题是一篇新闻报道的精髓所在，无论网络英语新闻媒体还是报刊英语新闻媒体，其英文标题都是以最恰当、最简明的词语反映新闻最重要的特定内容的逻辑组合。网络新闻的标题不能像报刊新闻那样有较为自由的空间排布，这就要求必须以有限的字数充分揭示新闻的精华内容。通常也不能像报刊新闻那样可以用副标题对正题进行补充，甚至正题的字数也要因页面的局限性而受到一定限制。这无疑给网络新闻标题的拟制提出了更高的要求，使标题对新闻信息具有较高的浓缩性和凝练性。如《纽约时报》（*The New York Times*）的网络版，其标题一般不超过 10 个单词甚至是用更短的短语或简单句。例如：

Crumbling Infrastructure Brings Opportunities

Iraq War Ends

三、网络英语新闻与报刊英语新闻的选词对比

无论网络英语新闻还是报刊英语新闻，其受众的职业、年龄、文化水平等各不相同，这就要求新闻的措辞简单明了，语言口语化，尽量避免使用专

业性较强的术语，对于必不可少的专业术语，要用大众化的语言加以说明。为了吸引读者，无论网络英语新闻还是报刊英语新闻，在措辞上常常都采用委婉语（euphemism）。除此之外，还常用押韵（rhyming）、比喻（figure of speech）、夸张（hyperbole）、强调（emphasis）、造词（coinage）、反常（abnormality）、拟人（personification）、借喻（metonymy）等方法来吸引受众的注意力。

无论网络英语新闻还是报刊英语新闻，一般都用字形短小、音节不多、经济达意、简短明了的词。常常使用缩写词、节缩词、简短词、创新词，其目的是节约版面，利用有限的版面给出尽可能多的资讯。如使用缩写词：道琼斯指数 DJI（Do-Jones Index），载人卫星科学实验站 MSOL（manned scientific orbital laboratory），我欠你的 / 白条 IOU（I owe you）。使用节缩词：如社论对页版用 Op-Ed（opposite editorial），截击战斗机中队用 F-I Sq（fighter-interceptor squadron），河口用 m-th（mouth），巡逻鱼雷艇队用 PT-for（patrol torpedo-boat force）。使用简短词：如“解雇 / 减少”一词用 axe 而不用 dismiss / reduce，“禁止”用 ban 而不用 prohibit / forbid，“控制”用 curb 而不用 control / restrict，“下降”用 dip 而不用 decline / decrease，“庆祝”用 mark 而不用 celebrate，“制订”用 map 而不用 work out 等。

随着科学技术的发展，政治、经济、军事、文化、科学、教育等领域出现了大量的新词来表达这些全新的概念，具有前瞻性特征的英语新闻也就成为这些新生事物的最佳传播渠道。很多新词新语都是首先通过网络 / 报刊英语媒体面世，逐渐得到普及，最后被公众接受。例如，informational superhighway（信息高速公路），DIY（do it yourself，自助）等很多词汇最初都是通过网络 / 报刊等媒介传播后才被人们接受并普遍使用的。而 brunch（breakfast + lunch，早午餐），sci-tech（science technology，科学技术），medicare（medical care，医疗保险）等通过拼缀法构成的新词首次出现也是在英语新闻中。

四、网络英语新闻与报刊英语新闻的句法对比

网络英语新闻和报刊英语新闻，主要是报道国内外的“时事”和“事实”，其句法特点主要体现在时态和语态上。

第一，网络英语新闻和报刊英语新闻的正文与其他书面文体并无多大区别，但时态有其自身的特点：讲述的新闻即使是一件过去的事件或事实，也使用完成时或一般现在时。为突出新闻的及时性和真实感，正文和标题的时态大多使用一般现在时，目的是增强报道的时效感，给受众以较强的新鲜感。例如：

例 1：CEMO Continues Hurricane Preparedness

The hurricane season is coming to a close but even so，there is one hurricane that has formed in the Central Caribbean. And Belize has a history or being struck by hurricanes in the month of October. With that in mind，the City Emergency Management organization（CEMO）held its regular monthly meeting on Tuesday，October 23rd at the Belize City Council's Conference room to keep committee members updated.

译文：城市应急管理组织继续做好应对飓风的准备

飓风季节即将结束，但尽管如此，仍有一场飓风在加勒比中部形成。伯利兹也曾在 10 月遭受过飓风袭击。考虑到这一点，城市应急管理组织（CEMO）于 10 月 23 日（周二）在伯利兹市议会的会议室召开了每月例行会议，让委员会成员了解最新情况。

第二，网络英语新闻和报刊英语新闻多采用第三人称的形式报道，以突出内容的客观性。例如：

例 2：“They're still looking for clues because she's not talking，” said one law-enforcement source. The cops removed bags of clothes and a desktop computer from the apartment.

译文：“他们仍在寻找线索，因为她没有说话。”一位执法部门的消息人士说。警察从公寓里拿走了几袋衣服和一台台式电脑。

第二节　网络英语新闻概述

随着国际交流的日益频繁，网络新闻以其传播方式便捷、传播速度迅速、互动性较强、内容丰富、形式多样、覆盖全球且不受时空限制等优势，受到国内外学者的广泛关注。在现实的网络新闻传播中，英语是一种强势语言。据统计，“有 80% 的出版物和互联网信息都是用英语出版和发布的”。巴斯奈特认为，全球化使得翻译成倍增长，英语在全球的强势地位带来了不断增长的翻译需求，翻译在沟通文化差异方面起到了重要作用。因此，要研究网络英语新闻的翻译，就必须先了解网络英语新闻的特点，这对于跨文化传播与交际具有重要意义。

一、网络英语新闻的特点

（一）标题特点

标题之于读者就像色彩之于孩童，在网络新闻时代，新闻阅读跨入了一个

“读题时代”，吸引力成了这个时代最宝贵的财富，所以网络新闻标题是否能够吸引读者的注意，直接影响着新闻的阅读与传播。虽然网络新闻打破了时空的限制，具有传统新闻无可比拟的优势，但它的超链接特性在很大程度上决定着传播的成功与否。读者在阅读网络新闻的时候，只有通过点击标题的超文本链接，才能阅读到新闻的正文内容。这种阅读形式在很大程度上制约着网络新闻的跨文化传播。因此，标题在网络新闻传播过程中起着至关重要的作用，在网络英语新闻汉译时，首先得了解网络英语新闻标题的特点。

1. 开宗明义，实题为主

网络英语新闻的标题由于受到网页布局的限制，多为单行的实题。网络英语新闻在新闻传播一开始就讲明新闻内容的主要意思，语言质朴、平淡，重点在于陈述新闻事实，并以横排式排布于网页版面中。

2. 简明扼要，单一居多

网络新闻英语标题的词数一般不超过 10 个单词，用最简洁的语言概括新闻的主要事实，并以单一主题式为主，通常不出现副标题。

3. 创造新词，多用修辞

有时候新闻作者为博得读者眼球，通过创造新词和使用各种修辞手法，使得标题具有新颖性、独特性，以便抓住读者的好奇心，激起读者进一步点击并阅读新闻正文的欲望。

4. 省略词汇，简化结构

网络新闻标题由于受版面的限制，一般只能出现在一行之内，不能换行，且大量省略冠词、连词、系动词等，时态以一般现在时居多，兼有一般将来时、现在进行时等，频繁使用非谓语动词以简化句子结构。

5. 文题分家，多见缩略

网络新闻标题的另外一个特点就是，标题是正文的超链接文本形式，新闻页面只出现标题，读者只有点击标题的超链接，打开一个新的网页，才能获取详细的新闻信息。此外，为节省篇幅，网络英语新闻标题中会出现大量的缩略语。

（二）词汇特点

语言是文化的载体，是人类社会交流的工具，是各民族的文化烙印。新闻传播作为人类最主要的交际活动之一，其文化特性也在词汇上有所体现，网络英语新闻也是如此。网络英语新闻在用词方面有如下三个主要特点。

1. 口语化词汇很常见

由于网络新闻报道的受众面广，读者文化层次各不相同，所以新闻记者和编辑在新闻写作过程中常常采用一些生活化、口语化的词，以吸引读者的注意，引起读者的共鸣。

2. 新词时有出现

“造词”是网络新闻用语的又一大特点。有时候新闻编辑为达到新闻的时效性和给读者带来新鲜感，会人为地创造一些新词或借用旧词来表达新意，以体现新闻之“新”，让读者眼前一亮。

3. 文化负载词频现

由于网络新闻包罗万象，涵盖政治、经济、文化等方方面面，再加上本文又选取了文化类新闻报道作为语料，因此包含了大量的文化背景信息。这些文化信息的传播就是靠大量的文化负载词来实现的，这些文化因素的出现让网络英语新闻翻译变得难上加难。由于翻译是一项涉及两种不同文化的跨文化交际活动，只有运用适当的翻译方法，将这些词的真正文化内涵及意义呈现给读者，才能达到现实意义上的跨文化交流。否则交际被隔断，网络新闻传播自然也就不存在了。

（三）句法特点

1. 主谓结构，陈述精要

网络英语新闻的句子结构多是“主谓结构”的简单句，其余句子成分用以交代新闻事件的六要素，句子类型多用陈述句。

2. 一般时态，增加时效

新闻报道的是当前发生、已经发生或将要发生的事实。因而，网络英语新闻语言的时态多为一般现在时、一般过去时和一般将来时。有时候为增加新闻事件的时效感，即使是报道一件已经发生的新闻事件，无论标题还是正文，句子时态都多用一般现在时。

3. 主动语态，感受直观

英语较常用物称表达法，物称倾向滋长了被动句，而被动句又促成了物称倾向。根据这一特点，英语语言多用被动语态。然而，在网络英语新闻传播过程中，这一点显得不太切合。因为，比起被动语态，主动语态更能让读者直观地感受新闻事件，所以在网络新闻英语句子的语态上，主动语态的使用多于被动语态。

4. 引语多多，体现客观

除以上句法特点之外，网络英语新闻的特点还体现在直接引语和间接引语的使用上。新闻编辑和记者在新闻写作过程中，为向读者传递新闻事件的真相，往往借助于大量的直接引语和间接引语，以突出内容的客观性。

（四）篇章特点

由于网络新闻是在网页上进行显示的，每个网页上的图片、广告等又占据了相当一部分版面，再加上网民的时间、金钱等外在因素的制约，网络英语新闻篇章也就具有一定的特殊性：其一在于衔接，虽不完美，但总体连贯；其二表现为文本的可接受性比较强。由于网络新闻制作匆忙，所以不符合结构衔接的现象时有发生，这给网络新闻的翻译也造成了一定的困难和障碍。

（五）语体特点

网络英语新闻文体原则上应该属于书面语体，但在实际的网络新闻报道中，其文体特点有明显的口语化风格。在一些访谈类新闻报道中，这一点尤其明显。大量的直接引语的使用，导致整篇新闻文体经常使用非正式用语。由于网络传播是一种大众媒体传播，读者群体的年龄结构、知识层次、职业身份等存在巨大的差异，为增强新闻的可读性，英语新闻的文风一般都会符合大众的口味，进而拉近与读者的心理距离。此外，由于口语体往往言简意赅，甚至惜字如金，经常能够用最少的语句传达最多的信息。这不仅符合网络新闻报道的基本要求，也能与当今人们快节奏的生活接轨。不仅原文如此，在做网络英语新闻翻译时也需要注意到这一语体特点，尽可能达到刘重德教授提出的“信、达、切”这三个标准。

然而，“口语化”特点也给网络英语新闻的翻译带来了巨大的挑战。由于英语口语中含有大量的文化用语，尤其是其中的习语、谚语、俗语等，包含了大量的文化词。这些文化因素很容易成为网络英语新闻翻译的“拦路虎”。

二、网络英语新闻的发展现状

现阶段我国网络英语新闻已经形成了三大地区性网站和六大中央级网站协作共存的局面。其中三大地区性网站主要指上海的东方网、广东的南方网还有北京的千龙网，六大中央级网站主要包括中国国际广播电台英语网站、新华网英语版、中央电视台英语网站、人民网英语版、中国日报网站还有中国网英文版。这些网站都是在原有传统媒体的基础上由政府投资创办的，其新闻主要围绕我国政府方针政策的介绍以及对我国社会各个领域发展的全面报道展开，目的是使世界对中国有更多了解。因此，英语新闻的网站不仅是我国开展国际新闻报道竞争和舆论战的重要阵地，同时也是国外人士了解中国的重要窗口。

现如今，网络新闻已成为人们获取信息、了解世界实时动态、获得资讯的重要渠道，越来越多的人开始从各种英语传播的媒体中获取信息。英语新闻的结构主要包括标题、导语以及主体三个部分，各种形式的新闻语体写作都是遵循“KISS”（keep it short and simple）的原则来完成的。不过，具体来看，网络英语新闻和报刊英语新闻虽然同属英语范畴，但是它们的写作语体与其他文体相比具有较多的特殊之处。在阅读的过程中，读者单纯地具备广博的综合常识和背景知识是远远不够的，还要对英语新闻的表现有充分的理解。

三、网络英语新闻中的文化因素

网络英语新闻作为信息的传播介质，其内容涵盖了人们生活的方方面面，必然含有丰富的文化因素，这一点毋庸置疑。我们每天用手机看各类新闻资讯，用电脑浏览各个新闻网站，多多少少会接触到英语新闻原文或其译文。网络英语新闻已经成为我们生活必不可少的一部分，它为我们带来了丰富的异国文化风情，也为我们了解世界打开了一扇窗户。由于翻译不仅仅是语言的转换，也是文化的交际，所以文化因素的处理就成了英汉新闻翻译中的重头戏。然而在当今的网络时代，由于读者对信息传递速度的要求，网络英语新闻翻译的质量参差不齐，有的能准确传递源语语言与文化，达到跨文化传播与交际的目的，有的却让人百思不得其解，甚至与原文大相径庭，从而阻断了双语交际活动。

究其原因，这与译者对于源语文化的了解程度有着极大的关系。文军、邓萍指出，翻译过程是一个有文化介入的多层互动的复杂过程，涉及了认知、心理、文化等多个方面。新闻翻译的主旨在于促进不同文化的交流，而新闻翻译的任务就在于推进不同文化之间的相互联系与渗透。网络英语新闻翻译的目的，就是要将英语语言在其文化语境中的意义和信息准确、完整地表达给汉语读者。因此，作为译者，不仅要解决好文本中的语言问题，而且更应该高度重视文本中的文化因素，在网络英语新闻翻译过程中扫描出新闻文本中的文化信息，最后再根据具体情况选择恰当的翻译方法进行处理。

文化因素的翻译是网络英语新闻翻译的重要内容，奈达对翻译中涉及的文化因素进行了分类，即生态文化、语言文化、宗教文化、物质文化和社会文化。

这五类文化因素在网络英语新闻翻译中多次出现，给翻译实践造成了巨大的障碍。巴斯奈特曾经做了一个非常形象的比喻，她把文化比作人的身体，认为语言就好比人的心脏，语言与文化的互动带来了生命的延续；译者在做翻译时，若脱离文化，孤立地看待文本，其危险性就如同外科医生在做心脏手术时只顾心脏而不管心脏周围的身体状况一样。由此可见，语言、文化与翻译三者的关系密不可分，译者在做网络新闻翻译时绝不可脱离源语文化，文化翻译是网络英语新闻翻译中的重要内容。

说到文化翻译这一概念，其实并不陌生，自20世纪80年代以来，我国翻译界就展开了声势浩荡的文化翻译研究。王佐良曾经说道："翻译者必须是一个真正意义的文化人。他（指译者）处理的是个别的词，他面对的则是两大片文化要处理。"李建军在《文化翻译论》一书中指出："翻译活动是以文化价值的传递和文化意义的再生为任务的交际活动。译者的基本任务就是将陌生的文化概念和文化信息消化转换为读者可以理解和接收的信息。"黄忠廉认为："文化翻译狭义上指对原作中特有的文化要素的翻译。"总之，语言、文化、翻译三者的关系就像文学、历史、哲学的关系，既相互依存，又相互影响。随着我国在政治、经济、科技、文化等领域的国际交流日益频繁，怎样处理新闻文本中的文化因素便成了网络英语新闻翻译的亟待讨论的问题。翻译界在文化翻译的策略上有不同的见解，总体说来，分成了两派，即异化翻译派（alienation）与归化翻译派（adaptation）。前者主张译文应以源语或原文作者为归宿，后者则认为译文应以目的语或译文读者为归宿。这两种文化翻译策略都有各自的理论支撑，有其存在的理论意义和实践价值。然而，正如罗国青所言，这种"一分为二"的二元翻译观"很容易引起意识形态的纷争"，译者也会陷入这场纷争。当前翻译界习惯上把翻译研究分为宏观研究和微观研究两方面，这容易造成翻译理论与实践的脱节，在实际的网络英语新闻翻译实践中，文化因素的翻译经常形成"骑虎难下"之势，很让人左右为难。若异化，读者难解其意；若归化，译文有可能失去原文的文化意义。事实上，翻译作为一门学科，其研究的视角不一定非要是二维的，完全可以从其他维度进行研究。

第三节 网络英语新闻的标题翻译

随着网络的普及，网络英语新闻已成为人们了解世界信息的重要渠道，但由于网络英语新闻题文分离，读者只有点击标题才能看到相关报道，这使得标题在网络英语新闻传播中具有极为重要的作用。

一、网络英语新闻标题的作用

（一）导读

俗话说“题好一半文”，好的新闻标题不仅能向读者揭示新闻内容，而且还能以生动的词汇、感人的语言形式“牵引”读者的眼睛，增加读者的阅读兴趣。与传统的新闻标题相比，网络新闻标题承担着更多的“导读”功能。受空间限制，具有很强时效性的网络新闻标题是集中在一起出现的，读者想阅读新闻详细内容时必须先选择该标题再加以点击阅读，也就是说，读者在阅读网络新闻时首先接触的仅是标题，因此，一条新闻要想在短时间里吸引读者的注意力，必须以最简洁、最少的字符传达最多的信息，从而使读者饶有兴趣地去阅读新闻。

（二）提示网络新闻内容

网络新闻标题最主要、最基本的作用是使用最简洁的并且让读者快速了解的语言去概括新闻事实。新闻记者与编辑想要表达的最有价值的思想，既是读者最需要了解和知道的东西，也是新闻的主体和新闻中最有价值的内容，但这些内容通常蕴含在新闻内容中，如果没有新颖准确、富有概括力和吸引力的标题对这些内容进行点明、提示或引导，它们很可能会被读者忽略。

（三）丰富美化网站页面

网络新闻页面主要由新闻标题和摘要组成，标题对网站页面的美化和丰富主要表现在：其一，为了便于阅读和查找，网站常将一些性质相同或相似的新闻编辑在一个频道，并冠以栏目标题，从而使页面层次和条理更加清晰明了；其二，标题作为页面的主要组成元素，有助于展示网站的风格和特色，如划分不同的导航栏，既能使页面更加丰富多彩，又能使读者快速查找相关新闻。

二、网络英语新闻标题的特点

（一）版面特点

网络新闻作为新闻的一种形式，其新闻版面也呈现出独特的特点。一是以超链接的方式实现标题与正文之间的连接。网络英语新闻标题通常浓缩在有限的版面或网页上，由于网络新闻中标题与正文是相互分离的，因而，读者在阅读新闻详细内容时需要点击位于网站主页的标题，通过超链接技术，阅读到新闻的内容。二是重大事件标题附有相关图像。图像比文字更直接生动，网站上一些重大事件的新闻标题旁常附有相关图像，不仅能使读者在获取信息的同时获得美的享受，而且还能吸引读者眼球，提高新闻的点击率。三是新闻标题常以单一式标题为主。网络信息传播量大、受众面广，为使读者在最短时间内获得新闻的主要内容，网络新闻标题常以生动朴实、简洁精练的一句话来呈现事实的精华。新闻事件越重大，标题越精练。

（二）语法结构特点

网络英语新闻标题因为其言简意赅、语法结构独特，又被称为“标题语言”。网络英语新闻标题在语法结构上具有以下特点：一是省略现象。为突出新闻的重要内容，标题常省略一些没有实在意义的词，如 be 动词、冠词、连词、人称代词等，使得标题紧凑精悍、言简意赅，不仅让读者容易理解，又可以让读者迅速找到新闻主题。二是时态。为使读者产生身临其境的效果，增强报道的新鲜感，网络英语新闻标题常采用“新闻现在时”时态，即一般以完整句子出现的多采用现在时态。即使讲述一件已经过去的事实也采用现在时态，这样既节省了过去式后缀“-ed”所占空间，又拉近了新闻与读者之间的距离，带给读者一种很强的时效感。三是语态。与旨在引起读者注意的被动语态相比，主动语态具有较强的说服力和感染力，能增强新闻的真实感，提高信息的可信度，因而，主动语态在网络英语新闻标题中有着广泛的运用。四是修辞。从修辞角度看，典故、习语等修辞方法不仅含义丰富，而且还能使标题更加生动、幽默，从而使读者享受到音形义之美。

（三）措辞特点

标题是新闻的灵魂，为吸引读者，网络英语新闻标题讲究形象生动、短小精悍，因而，在措辞上大量使用简短词语、缩写词和节缩词等，力求以最少的词语表达最丰富的意义，节省版面空间，增强新闻的可读性和简洁性。一般来说，网络英语新闻标题在措辞上主要采用以下两种方法：一是大量选用简短词。为获取明确生动的效果，网络英语新闻标题很少使用意义空泛或概念抽象的词语，如表达“放弃”这一意义时，常采用 skip、drop 等，很少使用 abandon；表达“伤害”意义时，常使用 hit、hurt 等，却很少使用 damage。二是大量使用缩写词和节缩词。网络英语新闻标题在表达组织机构等专有名称、常见的事物名称以及职业职务或职称名词时常使用已被大众普遍接受的缩略词或节缩词，以节省空间和标题字数，如道琼斯指数“DJI”、总经理“GM”等。

三、网络英语新闻标题的翻译策略

（一）直译

直译能够最大程度保留原文思想和风格。如果网络英语标题的含义明白易懂，翻译之后易于被目的语读者理解和接受，可以采用直译方式，如“Microsoft releases biggest patch on record”（微软发布有史以来最大补丁）等，这类标题采用直译方式译成汉语后一目了然、简明扼要。

（二）意译

中西文化、生活习俗等方面的差异使得英汉新闻标题在表达方式上存在不同，因而，翻译时必须充分考虑目的语国家读者的表达习惯和阅读心理，采用增译、减译等灵活多样的意译方式，尽量再现原文的修辞风格。

一是增译，即增补介绍性或注释性词语，帮助读者轻松理解标题内容。如“Apple unveils new Macs for the holidays”，这里的“Apple”实为“Apple Inc”，“Macs”实为“Macintosh”，“holidays”意为消费旺季，通过增译，该标题可翻译为“消费旺季将至，苹果公司推出新款个人电脑”。二是减译，根据翻译需要适当减少对一些虚词、代词等的翻译，突出标题的核心思想，增加标题的吸引力。三是套用名言警句。名言警句蕴含着深厚的文化底蕴，不仅能使标题更加新颖独特，凸显形式美，还能激发读者的阅读兴趣，使他们产生联想，回味悠长。如“Bush daughters reach legal age to drink”（布什双娇初长成，酒巷从此任纵横），美国总统布什的两个女儿曾因未到法定年龄酗酒而被媒体曝光，现在她们已到法定饮酒年龄，翻译标题套用我国脍炙人口的“杨家有女初长成”名句，不仅增加了标题的独特性和吸引力，而且还较为贴切地传达了原题的内涵。

与传统新闻标题相比，网络新闻标题不仅具有许多不可忽视的功能作用，而且还体现出独特的文体特点。准确把握这些作用和特点不仅有利于读者快速了解和欣赏新闻内容，提高阅读效率，还有利于译者选择适当的翻译方式传达新闻报道的看点。

第四节 报刊英语新闻的发展趋势

一、新闻价值的演变

随着对新闻定义的认识和理解的深化，新闻的发展趋势和新闻价值也在发生着变化。新闻价值是新闻工作者用以衡量客观事实能否构成新闻的标准，因而，新闻价值定义的界定对于新闻工作就显得非常重要。目前，国内外在对新闻价值概念的认识上大体存在着三种类型的新闻价值观：素质说、标准说和效果功能说。素质说立足于新闻事实本身，认为新闻价值是指事实本身包含的足以构成新闻的特殊素质。因而，新闻价值与记者评判新闻事实的标准无关。标准说认为新闻价值是记者、编辑衡量新闻的尺度和标准。这是以新闻的导向价值为依据的。效果功能说认为，新闻价值是新闻事实在传播过程中所履行的引起社会效果的功能。这三种学说都具有片面性。

雷跃捷先生在《新闻理论》一书中为我们提供了一个比较完整的关于新闻价值的概念："所谓新闻价值，是指新近发生的事实在传播中所履行的能满足人们知晓、认识、教育、审美等诸种需要的功能。"新闻能满足公众"知晓"需要的功能，人们读报获取新闻主要是为了了解国内外时事，因此，满足受众的"知晓"需要已成为新闻媒介愈来愈重要的功能。所谓"知晓"，就是使受众通过新近的或正在发生的，或将要发生的事实的报道，给公众提供值得知晓的"事实"，使他们真正有所"知"。尤其是在当今社会，随着科学技术的飞速发展和日益激烈的市场竞争，人们渴望对学习、工作和生活具有"指导"价值的新闻信息，需要从中不断地获取智力支持和动力源泉。这就是在新的历史条件下，人们对新闻价值的普遍要求。

新闻价值作为选择报道事实的标准，越来越注重新闻事件的时新性、重要性、显著性以及趣味性。时新性指新闻事件是新近发生的，而且是社会大众所不知道的，包含着时间近、内容新两个含义。重要性指新闻事件与当前社会生活和大众的切身利益有着密切关系，必定会引起人们的关心，影响到许多人，这类事件包括政局的变动、政策的变化、战争的进展以及重大经济信息等。显著性指新闻报道对象（包括人物、团体、地点等）的知名度越高，新闻价值越大。趣味性指新闻事件能够引起人们感情共鸣，能激发好奇心，富有人情味和生活情趣，即通常所说的奇闻趣事。新闻事实能否及时传播出去，除了考虑事实的新闻价值，还要受到国家的新闻政策、新闻法规的制约。由于受到以上因素的影响，英文报刊也相应地具有了自己的鲜明特色。

英语新闻主要有以下五个特点：大众性、节俭性、趣味性、时新性和客观性。报刊是大众传媒，写作必须适合广大读者的水平，语言必须通俗易懂。报业十分珍惜版面，要求新闻写作人员在有限的篇幅内提供尽可能多的信息，使读者在很短的时间得到所需要的信息，这就使得新闻记者养成简洁的文风。新闻界一向注重趣味性，报刊又面临电视、广播、网络传媒的巨大挑战，要稳住报业市场就得加强趣味性，因而新闻报道还必须写得生动有趣。时新性是新闻的价值之一。新闻报道在提供最新消息的同时，也传播了相关的新词。此外，不少新闻写作人员为了增加文章的吸引力，在语言上刻意求新，因而报刊英语具有生动活泼的特色。客观性是纯新闻报道所遵循的准则，没有客观性报道就要丢掉可信性，也就会失去读者。客观性要求新闻文字准确，避免情感词语和夸张手法。国内外报刊业随着时代的发展，也逐渐形成了各自的特色。

二、英美报刊的发展趋势

下面仅以英美两国英文报刊为例来阐述西方英文报刊的发展趋势。英国的新闻传播业在世界上占有重要的地位，特别是以《泰晤士报》等为代表的一批历史悠久的高层次报纸，在国际社会和英语文化中影响很大，经常扮演舆论权威的角色，其消息、言论和报道特点也常被其他报纸所效仿。这类报刊的内容较为严肃，对官方文件、议会辩论等刊登得较为详尽，其内容还涉及国内外重大事件、金融、科学、教育、文体、法律等。国内外要闻和经济新闻的比重最大，这是高层次报纸与通俗报纸鲜明的不同之处。排版醒目，头版为要闻版，刊登国内外重要消息，插有照片和漫画，照片经常是人物头像。

美国报业系统庞大，而且美国报纸的星期日刊，内容极其丰富，版面量较平日刊多两到三倍。星期日版不仅保持了与平日刊相同的规模，而且普遍增加了对前一周重要新闻的深度报道和回顾性报道。美国报刊业将报纸版块化，科学地划分内容。这不仅使报纸条理清晰，有利于突出相关内容，最重要的是吸引广告，报纸各版块的封面封底既可突出新闻内容，也可扩大广告效果。报纸内容分类因版块化更加清晰，读者阅读起来也方便了很多。

第五节　报刊英语新闻的特征

英语新闻的语言特点属于实用文体范畴，在这一范畴之内还包括广告英语、外贸英语、科技英语、法律英语、旅游英语。总体来讲英语实用文体措辞讲究、用词严谨、言简意赅，同时各具特色；英语实用文体句式丰富多彩、多种多样，但各自表现出独特的句法特点。各种修辞格在广告英语、新闻英语、旅游英语等实用语篇中不断出现，创造多彩多姿、鲜明生动的形象和意境，极富表达力、感染力和影响力；修辞手段在科技英语、法律英语和外贸英语语篇中比较少见，偶尔用之，效果非凡，但在通俗科技读物中不乏其例，大大增加了科技读物的可读性和趣味性。英语实用文体虽然具有不少共性，但总体说来，体裁不同，各具一格，即便是在同一类型的语篇里，风格可能亦大相径庭。

报刊主要是通过文字来反映我们这个变化莫测、色彩斑斓的世界，而英文报刊用的是一种特殊的英语文体——报刊英语。当代报刊英语是一门时间性很强的语言，有其自身的特点，主要表现在四个方面，即“快”“新”“俗”和“广”。“快”指新事物或某一新概念的表达很快出现在当代报刊中，如 win-win（双赢）、the Three Represents（“三个代表”）。“新”指表达新事物、新概念的英语新词大多是率先出现在英语报刊中，再流传于世的，如 lip-sync（假唱）。因此，英语世界发生一日千里的巨变和由此带来的新生事物，除了报刊等新闻媒体外，几乎找不到更好的手段予以详细记录下来。所谓“俗”指报刊英语通俗易懂、简洁明快，有别于诸如科技英语、体育英语、经贸英语等较深奥费解的各类“行业英语”。它的特点：表现在措辞上一般偏爱使用简短有力的小词；表现在句型结构上，报刊英语经常采用紧凑精悍的简单句，避免使用过于复杂冗长的复合句。“广”是指报刊英语所涉及的体裁很广。可见，当代报刊英语有助于我们学习现代英语的各种文体与风格，扩大学习视野和丰富各方面的知识。

一、词汇特征

当代报刊新闻报道主要涉及的是社会各个方面最新出现的事件和动态。作为英语语言中最基本的表意单位，词汇是语言变化过程中最为活跃的一部分，社会的发展进步、新生事物的出现在语言上往往表现为词汇的更新与扩展。同时，恰当巧妙地运用词汇，利用词汇所负载的丰富的文化内涵来表达某一观点，是新闻报道记者最常使用的手段之一，这样可以使新闻报道显得更真实可信、生动形象、吸引读者。新闻报道的目的在于传播信息，使广大读者能够省时省力地看懂新闻，因此，当代英语新闻写作中经常使用缩略词和简短小词，遣词造句力求简洁有力。

（一）借用人、物名称

英语新闻的受众是极其广泛的，他们的文化程度相差悬殊，这就要求记者尽量使用大多数人都能理解而又生动形象的词语。其中较有效的手段之一就是经常在新闻报道中借用各国首都等地名、著名建筑名称以及政府首脑姓名，以替代该国或其政府及有关机构，有时还借用某个意思，这实属英语新闻的一大特点。例如：

例 1：Koo had spend all that day，Jan. 6，trying to convince the Blue House not to force him to give up LG’s semiconductor business to Hyundai Electronics Industries.

译文：具一月六日花了一整天的时间，竭力说服韩国政府不要强迫他放弃LG 半导体产业，并将其出让给现代电子产业公司。

分析：以上句中的“Blue House”指的是韩国总统的官邸青瓦台，以此指代韩国政府。

例 2：Acting Foreign Minister told reporters that the decision was taken in light of Pretoria’s“continued positive movement in the direction of establishing a democratic system free of racial discrimination”.

译文：代理外长告诉记者说，做出这项决定是为了让南非“朝着建立一个消除种族歧视的民主体制的积极方向迈进”。

分析：此句中“Pretoria”（比勒陀利亚）表示南非政府。

现再举一些这类词语以及它们所表达的意义，供读者参考。

Beantown 豆城——波士顿市

Big Apple 大苹果——纽约市

City of Angels 天使城——洛杉矶市

Golden State 黄金州——加利福尼亚州

Uncle Sam 山姆大叔——美国政府，美国人

Downing Street No.10 唐宁街十号——英国政府

英语新闻用词另一个明显的倾向是广泛借用体育、军事、商业、科技、博彩业等方面的词语。例如：

例 3：Soft-focus accounting rules and chummy banks have enabled managers to build up hidden cash reserves.

译文：漏洞百出的会计制度和私交甚密的银行使得经理们可以建立小金库。

分析：“soft-focus”是摄影名词，意思是“焦点模糊”，这里指会计制度不严，漏洞多。

例 4：There is a constant tug-of-war between the advocates of good manners and those of crudity，with the former hoping for a return to a more genteel age.

译文：提倡良好风度举止者和行为粗放者之间一直存在着争论，前者希望社会能回到一个更有教养和礼貌的时代。

分析：“tug-of-war”原意是“拔河”，引申为（双方势均力敌的）争论或斗争。

（二）掺用外来词语

英语新闻词汇的另一显著特色就是经常掺用外来语，以引起读者的兴趣与注意。例如：

例 5：The shipping company，starting from scratch in 1952，has blossomed into the doyen of the maritime industry.

译文：这家船务公司于 1952 年白手起家，至今已发展壮大，成为海上货运业的龙头老大。

分析：“doyen”是法语，原意是“资格最老的元老”，转义为“龙头老大”。

例 6：Hong Kong cinema audiences are dwindling，tried of kung fu blockbusters.

译文：香港影院的观众数量在减少，他们厌倦了那些耗巨资拍摄的功夫片。

分析：“kung fu”源于中文，表示“功夫、武功”，这里指那些打斗的动作片。

下面再列举一些常见诸报端的外来词语。

a priori：[拉丁语] 演绎的；先验的

blitzkrieg：[德语] 闪电战；闪击战

blitzpolitik：[德语] 闪电式外交政策

bloc：[法语] 集团，政治组织

coup de main [法语] 突击；突袭

de luxe：[法语] 高级的；豪华的

entente：[法语] 协议

per annum：[拉丁语] 每年

pro rata：[拉丁语] 按比例，成比例

tout a coup：[法语]突然地

（三）使用新词语

随着科学技术的迅速发展，以及人类文明的不断提高，人们在发展新事物、遇到新问题、总结新经验和发展新思想的时候，便会感到原有的、沿袭使用惯了的词汇已经难以适应新的现实生活了。这时，新的表达方式便应运而生了。由于以英语作为母语或第二语言的国家遍及全球各大洲，加上各地不同的风土人情、生活习惯和社会环境等因素，英语在用词方面发生了更加明显、巨大的变化，出现了大量的新词语。这些层出不穷的新词语又往往最先在英语新闻报道中创下新例，以后经人仿效，达到相当程度的普及后，便被逐渐吸收进词典里，正式成为现代英语的一部分。

当代英语新闻中频繁出现的新词语，在构成及表现形式上，主要有以下四种情况。

1. 旧词衍生新义

在英语新闻中，旧词添新义的现象屡见不鲜。随着这些词语的广泛运用，它们也逐步渗入日常生活用语之中。例如，“think” 和 “tank”两个词，原意分别为“思考”和“箱、柜”，但“ think tank”在新闻报道中被广泛用来表示“智囊团” “智囊机构”或“顾问班子”等。

这类新词义，虽然有时与原义相差甚远，但在英语报刊中却层出不穷，极大地丰富了英语报刊的词汇。如：

angel（天使）——难得碰上的事情

basket（篮子）——一组问题

baby kisser——善于笼络人心的政客

moonlight（月光）——兼职；赚外快

quality（质量）——高级报刊

umbrella（雨伞）——保护伞

dirty tricks（卑鄙手段）——政客伎俩

syndrome（综合征）——（行为、情况、问题等的）种种表现

2. 新事物催生新词

新闻媒介是当今世界政治、经济、科技、文化乃至社会等各个方面的最佳表现渠道。例如，1957 年 10 月 4 日，苏联发射了世界上第一颗人造卫星，一时举世翘首，瞩望天空。英语新闻报道按俄文字母拼为 Sputnik Ⅰ Satellite，之后，

一系列以 -nik 为后缀表示“具有……特征”的新词出现在英语新闻中。例如：

beatnik 垮掉的一代

cinenik 电影迷

citynik 都市迷

computernik 电脑专家

jobnik 工作狂

peacenik 和平主义者

又如，1969 年 7 月 20 日，美国阿波罗号（Apollo）宇宙飞船登月成功，许多国家的传播媒介竞相报道，由此也产生了大量有关的新词，现已广泛使用在日常英语中，如 moonwalk（月面行走）、moonman（登月飞行员或月球飞行研究者）、moonfall（登月）、space colony（宇宙空间移民区）、space race（太空竞争）、space science（航天科学）。

可见，通过英语新闻涌现出来的大量新词，说明社会在不断变化，现代英语也在不断变化。事实上，新词产生的原因及其来源非常广泛，可以说来自各行各业。下面只能就散见于英文报刊而又十分常用的部分新词做些分类示例。

（1）医学

AIDS （acquired immune deficiency syndrome）艾滋病

DNA 脱氧核糖核酸

euthanasia 安乐死

holiday blues 假期忧郁症

hyperlipemia 血脂过多，高脂血

SARS （severe acute respiratory syndrome）非典型性肺炎；“非典”

（2）经济

added-value tax 增值税

economic blast-off 经济腾飞

euro 欧元

economic take-off 经济起飞

green card 绿卡

kickback 回扣

second economy 第二职业

（3）军事

ABM （antiballistic missile）反弹道导弹

beam weapons 激光束武器

blue berets 联合国部队，蓝色贝雷帽部队
cluster bomb 集束炸弹
war game 军事演习
（4）社会、政治
bachelor mother 未婚母亲；单身母亲
Cold War 冷战
bloodless 不流血政变
honey trap 美人计
Beatles 披头士乐队
hippie 嬉皮士
latchkey child 挂钥匙孩子
midriff （baring shirt）露脐装
dole 失业救济金
population explosion 人口爆炸
femlib 妇女解放运动
sexism 性别歧视
upper 兴奋剂
chairperson 主席（用以避免区分性别）
cocacolonization 可口可乐殖民化；美国化
（5）交通
ACT （air cushion vehicle）气垫运输工具
floating hotel 豪华客轮
vehicle-free street 步行街
no-go area 禁区
（6）教育
academese 学术行话
continuing education 继续教育
audiovisuals 视听教具
industrial school 技工学校
open education 开放式教育
polyversity 多科大学
（7）艺术、娱乐
ABC art （ = minimal art）ABC 艺术

big beat 摇滚舞音乐
absurdism 荒诞主义
body painting 人体彩绘
soap opera 肥皂剧
fashion colour 流行色
movieplex 影城
（8）环境、体育
base jumping 高楼跳伞
surfing 冲浪运动
Earth Day 地球保护日
super X-roller 暴走鞋
sandstorm 沙尘暴
skinny-dip 裸体游泳
cycle-cross 自行车越野赛
（9）动词 + -in 组成的新词表示有组织的抗议或公开的集体活动
sit-in 静坐罢工
camp-in 露营示威
lie-in 卧地抗议示威
eat-in 聚餐会

3. 旧词派生新词

在旧词的基础上加上表示某种意义的前缀或后缀，构成了新词。
（1）前缀
① anarcho- 表示“无政府主义的”
anarcho-situationist 无政府境遇主义者
anarcho-socialist 无政府社会主义者
② anti- 表示“反对”“阻止”
anti-government riot 反政府骚乱
anti-robbery bell 防盗警铃
③ auto- 表示“自己的”“自身的”“自动的”
auto-alarm 自动报警器
auto-train 汽车火车
④ compu- 表示“计算机的”“电脑的”

compudisk 电脑软磁盘
computicket 电脑卡
compuword 计算机用词
computalk 计算机对话
⑤ cyber- 表示 “网络的”
cybercafe 网吧
cyberspace 网络空间
cyberculture 网络文化
cyber-romance 网恋
cybercrime 网上犯罪
cyberspeak 网络用语
⑥ e- 相当于 electronic，表示“电子的”或“网上的”
e-book 电子书
e-business 电子商务
e-card 电子贺卡
e-game 电子游戏
e-pet 电子宠物
e-mail 电子邮件
（2）后缀
① -less 相当于 without，表示“没有”“无”
cashless 不用现钞的
conductorless 无人售票的
cordless 无绳的
paperless 无纸化的
② -ridden 相当于 governed、deadlocked，表示“受……支配的”
conflict-ridden region 冲突四起的地区
inflation-ridden country 通货膨胀居高不下的国家
scandal-ridden president 丑闻缠身的总统
debt-ridden gambler 债台高筑的赌徒
③ -friendly 表示“对……有利的”“简便的”
baby-friendly hospital 爱婴医院
user-friendly camera 傻瓜型相机
eco-friendly vehicle 环保型汽车

4. 类比生成新词

（1）数字类比

这种类比是指通过变动数字后面的内容构成新的词汇。

the three P's （peace、petroleum、Palestine 三词的缩略，指由中东局势所引起的三大问题）

the three I's（inflation、interest rate、impeachment 三词的缩略，指通货膨胀、利率和弹劾）

the three R's（reading、writing 、arithmetic 三词的缩略，指读、写、算三种能力）

（2）色彩类比

这种类比是指主要通过表示不同颜色的词语产生新词。

由 black list（黑名单）类比出 white list（白名单，指准予上演的短剧等的名单）和 gray list（灰名单，指非明文查禁但仍属不合法的人或物）。

由 blue-collar workers（蓝领工人）或 white-collar（白领）类比出 gray-collar workers （灰领工人，指负责维修的技工）和 pink-collar workers （粉领工人，指职业妇女，尤指护士、办公室文书类工人）。

（3）地点类比

这种类比是指通过不同地点空间的词而类比生成新词。

由 landscape 类比出 moonscape（月球表面，月球景色）、cityscape（市景）、marscape（火星表面）；由 ghost town （被废弃的城镇）类比出 ghost site（被废弃的网址）；由 sunrise 类比出 earthrise（月平线上看到的地球升起）；由 earthquake 类比出 starquake（星震）。

（4）近似类比

这种类比是指根据类比词之间的近似点，由此及彼类比生成新词。

由 environmental pollution（环境污染）类比出 sound pollution（噪声污染）、visual pollution（视觉污染）、cultural pollution（文化污染）和 graffiti pollution（涂写污染）；由 missile gap（导弹差距）类比出 generation gap（代沟）和 credibility gap（信用差距）；由 breathalyzer（呼吸测醉器）类比构成 eyelyzer（眼部测醉器）。

（5）反义类比

这种类比是采用现有词的反义词类比出的词，如由 baby boomer（婴儿潮代人）类比出 baby buster（出生低谷人）；由 moonlight（晚上兼职）类比出 daylight（白天兼职）；由 high-tech（高技术的）类比出 low-tech（低技术的）；由 nightmare（夜间噩梦）类比出 daymare（白日噩梦）；由 brain-drain（人才流失）类比出 brain-gain（人才流入）；由 man-Friday（忠实的仆人）类比出 girl-Friday（忠实的女仆）。

二、句法特征

新闻报刊英语写作受到时间和版面的限制，要求在有限的时间内，用有限的词语，以大众所能接受的语言表达方式，将新闻事件展示给广大读者。因此，报刊英语不仅是一种具有报刊特性、适合新闻报道要求的语言，而且是能适应新闻消息传播需要的语言。以下着重阐述新闻报刊语言的句法特点。

（一）简单句多于复合句

在报刊英语中，广泛使用结构简单的句子。但由于受到版面字数的限制，为了尽可能在一个句子中写进较多的新闻事实或信息，不得不打破简单的句型结构，或采用合并句子的方法，将原先两句或两句以上的句子才能表达的事实融合到一个句子中，所以句子结构显得松散。

例 1：Andrew O'Rourke，the Republican candidate for governor，said yesterday that he would withdraw from a televised debate with Governor Cuomo if the candidate of the New Alliance Party，which he accused of extremist views，participates.

译文：参加州长竞选的共和党候选人安德鲁·奥鲁克昨日申明，如果新联盟党的候选人也要参加与州长库莫的电视辩论，他本人就退出辩论，安德鲁指责新联盟党的候选人持有极端主义的观点。

分析：这个句子的主语是“Andrew O'Rourke”，紧接的是其同位语“the Republican candidate for governor”（共和党州长候选人），谓语是“said”，宾语则由连词“that”引导的宾语从句充当。主句的语法结构并不复杂，不难辨析。但这个宾语从句中的成分就难分析了，因为它包含一个由 if 引导的条件状语从句，那么这个定语从句到底修饰的是条件状语从句主语“the candidate of the New Alliance Party”的前半部分“the candidate”，还是后半部分“the New Alliance Party”呢？根据传统的英语语法规则，关系分句（即定语从句）一般跟在它的先行词之后，而关系代词“which”的先行词应是具体的或抽象的物，而不是人。因此，上述句子中“which”引导的定语从句修饰的先行词应是“the New Alliance Party”。

按英语语法习惯，带 to 的不定式通常是不拆开的，但偶尔也有将一个副词插入其中的情况，这种情况称为分裂不定式。一般情况下，分裂不定式少用为佳，以免造成句子含义模糊。但在报刊英语中，这一现象却时有出现，值得留意。例如：

例 2：It may be days before investigators can begin to carefully sift through the tons of debris for clues to the bomber.

译文：调查人员在几天以前才开始仔细地在成吨的残骸中挑选碎片，以发现飞机爆炸的线索。

（二）使用特殊定语

1. 名词作定语

在当代报刊英语中以名词作定语的现象非常普遍。刚开始时，报刊界还习惯用形容词作定语，慢慢地则变为以名词作定语。例如 affluent society（小康社会）现在变为 affluence society；silent generation（沉默的一代）现在变成了 silence generation。

但有些名词作定语时，其意义与相应的形容词作定语存在着很大的差别，例如：

a bankruptcy lawyer 处理破产诉讼的律师

a bankrupt businessman 破产商人

economy measure 节约措施

economic measures 经济措施

an efficiency expert 效率问题研究专家

an efficient worker 工作效率高的工人

an obesity specialist 肥胖病专家

an obese specialist 长得胖的专家

a debt specialist 债务问题专家

an indebted country 一个负债的穷国

以上例证的差别说明名词及其相应的形容词虽然都用作定语，但是前者侧重于职能方面，修饰或限制另一名词，而后者则在属性方面起修饰作用。但是词语的意思毕竟是人为规定的，有的解释和用法也是新闻界约定俗成的结果。

2. 使用前置定语

按照传统的英语语法，前置定语多数由单词组成，短语或从句则作后置定语。侯维瑞认为，前置定语的使用是构成英语新闻文体风格的语法手段之一，大量使用前置定语来修饰名词是英语新闻寻求句子结构紧凑严密的手段之一，将后置的名词修饰语移至核心词之前，是当代英语变化的一个趋向，这种趋向在报刊英语中表现得尤为突出。例如：

multi-drug-resistant virus 抗多种药性病毒

war-weary citizens 厌倦战争的公民

on-site service 现场服务

the up-to-the-minute information 最新信息

middle-of-the-road policy 中立政策

a neck-or-nothing chance 孤注一掷的机会

例 3：The city was totally paralyzed yesterday by about 20 barricades across main access routes as the public transport was at a no-one-dared-to-walk-in-the-street standstill.

译文：昨天整个城市的主要交通干线被大约 20 个栅栏堵死，使交通处于瘫痪状态，没有任何人敢在街上停留。

分析：此例中有连字符连接的超长定语“no-one-dared-to-walk-in-the-street”（没人敢在街上走）这一用法，简化了句子结构，节省了篇幅，既迎合了报刊写作“笔墨经济”的需要，也能给读者带来新鲜的阅读感受，引起阅读兴趣。按照这样的构词方式，当一个记者文思泉涌之时，便可以用超长定语吊足读者的胃口之后再释放名词中心词，让读者对这个名词过目难忘。

从上面的例子可以看出，普通英语中作后置定语的短语或从句，在报刊英语中，可以用连字符连接并以词组的形式出现在所修饰的中心词之前，变成前置定语。这样显然能使句子结构简单、表述明快、易读易懂，起到快速传递信息的作用，达到宣传的目的，所以被越来越多的读者所接受。

3. 连词 that 省略

在传统英语语法中，宾语从句的位置与陈述句基本结构中的宾语位置一致，宾语从句可作谓语动词的宾语，也可作介词、非限定动词和某些形容词的宾语，通常由从属连词 that 等引导。从属连词 that 一般在口语和非正式交际文体中才被省略。但在报刊英语中，连词 that 常常被省略，这样可以节省篇幅，尽可能地缩短句子长度。不过，应该指出，连词 that 的省略与否并无定格，甚至在同一篇报刊文章中，that 有时被省略，有时又被保留，具有很大的随机性。例如：

例 4：Scientists say those restrictions have been a big hindrance. There have turned out to be only about 20 cell lines that qualify for federal financing，not more than 60 as the government initially said in 2001.（say 后面省略了 that）

译文：科学家说那些限制已经成为巨大的障碍。结果证明，也并不像政府在 2001 年年初所说的那样，将有 60 个合格的财政联合体，事实上只有 20 个。

例 5：Mr. Crovitz said that internally the Journal referred to the front-page ad as a “jewel box” and indeed，it will showcase the most prominent real estate in the print industry，commanding premium rates.（said 后面保留了 that）

译文：克瓦茨先生说国内刊物的封面就像百宝箱，它展现了印刷业最显著的优点，同时也提高了成本。

（三）采用不同的起句表达

在大多数情况下，英语新闻报道的句子都是以名词作为主语开头的，但是英语报刊新闻语句（尤其是导语）的起句写法，除了名词起句法外，尚有介词短语起句法、非限定动词起句法、独立结构起句法等多种表达法。

例 6：With the transport strike still going on，hundreds of thousands of rush-hour commuters are greatly affected.（介词短语起句）

译文：公交系统的罢工仍然没有结束，这给数十万名在高峰时间乘车上下班的人带来了很大的不便。

例 7：Losing the vote 247 to 187，the prime minister was faced with the choice of resigning or dissolving the Lower House.（非限定动词起句）

译文：投票结果 247 票对 187 票，反对派占了上风，首相面临的选择是要么辞职，要么解散下院。

例 8：What's needed now，according to President George Bush，who appealed in Washington for calm，is respect for the law.（名词性从句起句）

译文：在华盛顿，乔治·布什总统呼吁人们保持平静。他说，现在需要的是对法律的尊重。

例 9：To make matters worse，investment in the energy industry has often been used as a scapegoat when the economy has overheated，and its budget cut back，pointed out the analysts.（独立结构起句）

译文：分析家们指出，情况更糟的是，每当经济过热时，对能源工业的投资就会被当作替罪羔羊，其预算遭到削减。

例 10：Abundant in water resources，the region has seen the establishment of a number of major hydropower works over the past five years.（形容词起句）

译文：由于拥有丰富的水资源，该地区五年来兴建了好几座大型水电站。

例 11：When divorced fathers do not have custody of their children and have little time to spend with them，discipline is often the last thing they want to think about.（状语从句起句）

译文：离了婚对孩子无监护权的父亲们，难得有时间与自己的孩子相处。在这种情况下，这些做父亲的最不愿意去想的事就是对孩子严加管教。

还有其他的起句手法，它们能改变沉闷局面，丰富句法结构，使行文变化多端，从而更好地达到吸引读者的目的。

（四）灵活使用直接引语与间接用语

新闻报道在相当大的程度上是记述人们所说的话，以及他们是怎样说这些话的。也就是说，引语是必不可少的。在当代报刊英语新闻中，以直接或间接的方式酌情甚至大量引用别人的原话，既可以增加新闻报道的真实感和生动性，减少文字的沉闷感；同时又能显示出报刊的客观立场，使报道具有最大限度的客观性。

直接引语是英语报刊新闻中用引号引起来的新闻中人物说的话。直接引语要真实、准确、一字不差，完全忠实于新闻中人物的原话。间接引语是对新闻中人物所说话语的转述，并不加引号，要求与新闻中人物的话语意思相同。由于记者经常需要直率或含蓄地援引或转述新闻人物和其他有关人士的谈话，因此，新闻媒介频频出现表示“某某人说”的“说（say）”。但是，事实上，新闻报道所涉及的说话人的神态和语气在不同场合或氛围中不尽相同，这是“say”这个中性词所无法确切体现的。

这类近义动词在英文新闻报道中屡见不鲜，经常见诸报端的有 50 多个，它们之间在含义上和修辞色彩上都互有细小的差异，可用来表示不同的神态、不同的语气等。现举例如下：

admit 承认

acknowledge 承认

add 接着说

affirm 肯定；断言

allege 宣称

analyze 分析道

announce 宣布

argue 争辩；主张

assert 断言

boast 夸口说

claim 声称

complain 抱怨说

deny 否认

disclose 透露

imply 暗示

insist 坚持说

（五）灵活使用模糊性词语

由于有些报道的新闻事实没有明确的起止时间，或者为了避免冗长累赘的细节，报刊英语新闻中也大量使用一些模糊性词语来增加报道的可信性。例如：

例 12：At least 35 people perished last week when a truck erupted in flames deep inside the Mont Blance tunnel that links France and Italy. The fire quickly engulfed some 30 other vehicles and burned for two days before firefighters finally put it out.

译文：至少有 35 人在上周发生的卡车事故中死亡。卡车是在连接法国和意大利的布兰斯山隧道深处起火爆炸的，大火迅速吞没了其他 30 辆车辆。在最后消防员把它扑灭时，大火已经持续了两天。

分析：这个例子报道的是一起卡车事故，使用了“last week”这个副词交代这一突发事件发生的大致时间，而用“deep inside”这样一个模糊词来交代事件发生的大致地点，火被扑灭的具体时间也没交代，只用了“finally”。

在新闻报道中，在某种情况下要求较大的准确性，在另一些情况下则可以容忍一定的模糊性。无论是精确，还是模糊，其目的都是达到准确。

三、修辞特征

美国新闻学家查恩利在他所著的《新闻报道》中写道：“新闻的生动性如果不是新闻的肉至少也是它的调料、它的声音、它的颜色、它的形状。它是情绪，是环境，是气氛，是周围人和情感的背景，可以使报道中的主要事实形象醒目，易于理解。”修辞手段的运用成为当代英语新闻语篇的灵魂，它能积极地随情应景地运用各种表现手法，极尽语言文字的一切可能性，使所说所写的呈现出具体形象、新鲜活泼的动人力量。新闻报道中常用的修辞手段主要包括比喻、双关、夸张和借用典故成语等。

（一）比喻

比喻有助于创造一种非形象语言所不具备的感染力，使信息接收者能够更生动、更深刻地领会信息的精神，旨在使所报道事件具体形象、鲜明突出。报刊英语中使用比喻的作用主要表现在以下几个方面。

1. 喻义推陈出新

报刊读者可按自己的经验，通过比较、想象和语境推理来释义。由于从旧义到新义经历了一个思维过程，比喻易为读者所理解和接受，因为在原有的知识基础上认识新鲜事物是人类最基本的认知方法，而比喻的释义也意味着创新。

2. 消除烦琐表达

使用比喻可以简明扼要地表达许多烦琐复杂的事物。比喻能消除文体上唠叨冗长的表达，达到妙语惊人的效果。例如：

例 1：Good will can be sold.

译文：好心能生钱。

这类比喻手法在英语报刊新闻标题中也有。例如：

例 2：Our Love Affair with Cars

译文：我们的汽车情结

分析：这条标题摘自一篇有关汽车销售市场的新闻报道，把人们对汽车的喜爱比喻成“love affair”，既语义鲜明，又幽默风趣。

例 3：The Bull’s Feet of Clay

译文：公牛队的致命弱点

分析：在此句中《国际先驱论坛报》把公牛队的不足之处比喻成“feet of clay”（泥腿），形象地描绘了公牛队队员们犹如长了“泥腿”似的，因自己的种种失误而陷入被动挨打直至失败的境地。

例 4：Holmes’ Smarter Brother Joins Police

译文：“福尔摩斯精明能干的兄弟”加入了警队

分析：《泰晤士报》编辑将一种能协助警方侦破大案要案的新型电脑设备比喻为“福尔摩斯精明能干的兄弟”。

3. 激发丰富想象

比喻能激发人们丰富的想象。这种想象能使人回忆过去的经历，将抽象的事物化解成具体事物，从海阔天空的冥想中认识语言的意义，使人感觉到想象的愉悦。这就增强了语言的趣味性，并使隐喻具备了审美价值。例如：

例 5：Rose Views from the Democrats

译文：民主党人的乐观思想

分析：在世纪之交的美国总统大选期间，共和党和民主党势均力敌，双方都在美好地想象着明天的政府格局。对于民主党来说，继承克林顿总统更是顺理成章的，因此，他们对未来的憧憬就像玫瑰一样绚丽。

例 6：Samuel G. Freedman，a former reporter for *the Time*，depicts Seward as a kind of tempest-tossed lifeboat proving students a fleeting chance to move on to the college-productive jobs，decent incomes，and a foothold in the culture.

译文：前《时代》周刊记者塞缪尔·G. 弗里德曼把塞沃德中学描写为“在风暴中颠簸的救生船，让学生们借此抓住一个稍纵即逝的机会升入大学，得到一份学有所用的工作和可观的收入，从而在现实的环境中有个良好的起点”。

4. 富有深刻哲理

使用比喻能表达高度凝缩的哲理，显示出一种惊人的洞察力，因此许多隐喻演变成了脍炙人口的警句或箴言。例如：

例 7：See Which Way the Cat Jumps

译文：观望形势，再做决定

分析：此标题的意思是 “Let’s wait and see how the situation will develop.”。这里，“situation”就像一只上蹿下跳的猫，难以捕捉其轨迹。

5. 体现生活经验

比喻表现了人类过去的生活经验。这种经验体现到语言中来，大大拓宽了人们对语义的认知，使读者对语言的内容感到熟悉和亲切，同时也提高了语言的使用效率。例如：

例 8：The chairman ploughed through the discussion.

译文：会议主席艰难地主持着讨论会。

分析：句中“plough”原为“耕地”。耕地时，犁耙的运作比较吃力费事而又慢腾腾。作者将这个形象引申开来，间接说明会议主席花了很大的力气才将讨论开展下去。因此，“plough”这个词就获得了新义“艰难地进行”。

（二）夸张

夸张是人们从主观出发，有意识地把事实夸大，以达到强调或突出重点的一种修辞手法，所以它往往注重表达深切的情感，而不注重对客观事实的记述。当代英语新闻报道主要利用数字、词语语义、形容词或副词最高级等 3 种形式来达到夸张的目的。例如：

例 9：The magic-carpet quality makes e-mail a natural for schools.

译文：这种天方夜谭魔毯般的神力使电子邮件非常适合学校使用。

例 10：“I had the greatest players in the universe on my team；you can’t get any better than them," Alexander said.

译文："我的球队里有世界上最出色的队员，你不可能找到比他们更好的"，亚历山大说。

分析：作者故意夸大其词，以起到渲染或轰动效应。

（三）拟人

拟人是指赋予动植物和其他非生命的事物以人的特征，使读者感到亲切。例如：

例 11：My good intentions produce imagined letters never embraced by paper，never kissed by stamps.

译文：我这些美好的愿望只写就了想象中的信，却从来没有写在纸上，从来未贴过邮票。

分析：在英语报刊广告中运用拟人手法，就是给推广的产品赋予人情味，同时又使语言表达生动而逼真，增强感染力和亲切感，使被描写的对象栩栩如生、活灵活现，从而激发读者的购买欲。

（四）韵词

韵词包括头韵和尾韵，旨在渲染气氛，引起读者的注意和兴趣。例如：

例 12：fad，fashion，phenomenon

译文：爱好，流行，现象

例 13：Glorious profits allow glamorous pleasures.

译文：丰盈的利润带来增添魅力的享受。

例 14：Hair loss can be triggered by drugs，disease and diet.

译文：脱发可能由药物、疾病和饮食所引起。

例 15：As many as 15 000 doctors now rely on cosmetic surgery for a fair chunk of their income and they are allowed to advertise aggressively.

译文：目前，多达 15 000 名医生依靠整容手术赚取其收入中相当丰厚的一部分，而且还被允许大肆刊登广告。

英语报刊广告中运用音韵，可使之悦目悦耳，增强宣传效果，吸引读者的注意力。例如：

例 16：All the Taste—None of the Waste （咖啡广告）

译文：口味纯正，绝无浪费

分析：该广告语不是一个完整的句子，其大意为：口味纯正，绝无浪费。句中的两个名词"taste"和"waste"不仅押韵，而且迎合读者的心理需求。每个读者都希望自己购买的咖啡味道纯正，不会浪费。这样的广告既押韵又表意丰富，自然能激起读者潜在的购买欲。又如：

例 17：Cut Costs without Cutting Corners（汽车广告）

译文：不抄近路，也能节省成本

分析：上例汽车广告中，“cut costs”和“cutting corners”构成头韵，使信息表达更为生动形象，更具感染力。此外，“cut corners”还一语双关：“抄近路”+“以经济的方式做事”，指汽车是不可缺省的消费，有了它就不必步行抄近路。

（五）双关

双关经常在带讽刺性和谐趣性的新闻报道中使用，以增强风趣的效果。双关在英语报刊广告中出现较多，是一种有趣的文字游戏，或插科打诨，或旁敲侧击，使语言表达妙趣横生，从而引发读者的思考兴趣，加深记忆。例如：

例 18：Make Time for *Time*

译文：要腾出时间去阅读《时代周刊》

分析：这是美国《时代周刊》为自己所做的征订广告，它运用了两个同形异义（homonym）的词“time”，达到了一语双关的特殊效果。第一个“time”意为时间，第二个“time”则指《时代周刊》自身。全句的意思是“要腾出时间去阅读《时代周刊》”。

例 19：A Sound Way to Learn English

译文：学习英语的好方法

分析：本例系英语教学音像制品广告，其中的“sound”兼有“声音”“完美的”之义，一语双关，别有趣味。

例 20：The Unique Spirit of Canada

译文：别具一格的加拿大酒

分析：上例名酒广告巧借“spirit”兼含“烈酒”和“精神”之义，构成双关，表达幽默。既可解释为“别具一格的加拿大酒”，又可理解为“加拿大独特的民族精神”。

第六节　报刊英语新闻的翻译策略

阿弗雷德·波拉德曾说过：“翻译如同打开窗户，让阳光照射进来；翻译如同砸碎硬壳，让我们享用果仁；翻译如同拉开帷幕，让我们窥见最神圣的殿堂；翻译如同揭开井盖，让我们汲取甘泉。”所以，一方面，翻译是一门极为复杂、极为精密的语言科学；另一方面，翻译是一门艺术，而且翻译过程也是一种心理过程，因为要处理与语言和艺术无关的其他信息。冯清海曾做了一个比喻："如果把创作比作自由跳舞，翻译就是戴着手铐脚镣在跳舞，而且跳得还要更优美。"

当代翻译标准、翻译理论、翻译学说层出不穷。无论是理想化的翻译标准，还是商业化的翻译标准，都有一个最终的目的和要求。无论是"信、达、雅"，还是"满足某一特定读者的需求"，无论是"大致相同的感受"还是"迎合商业雇主的要求"，只要根据具体情况来发掘具体语境中的最佳关联，就会实现最优化的翻译标准，达到最佳的交际效果。

新闻翻译标准是对翻译标准的一种新诠释，但仍无法较全面地涵盖新闻报刊文体的诸多特殊性。首先，新闻语言准确简明、通俗生动，语体呈多样性，体裁覆盖面又广，这就决定了新闻翻译的首要标准便是忠实准确，即忠实于原文的语体和信息，并做到译词准确；其次，近年来随着大众传媒的迅猛发展，新闻稿件开始逐渐适应口语化趋势的需求，因而新闻翻译的另一标准便是要在基本再现原文风格和修辞手段的基础上做到语句通顺流畅；最后，新闻翻译必须符合译入语的新闻文体特征，在英译汉中就是要把现代汉语新闻文体作为准绳，使新闻译稿符合汉语读者的阅读习惯。

针对新闻报道时效性强、篇幅有限、读者面广这些基本特点，当代汉语报刊新闻语言也具有准确、具体、简明、通俗、生动的特点。准确是新闻语言最显著的特点之一。汉语新闻语言要准确，就要尽量多用动词，少用形容词，而当代报刊英语新闻的句子中多用介词、名词等，因此在翻译时应译成相应的动词，才能增强行文的流畅性，使新闻展示出生动和优美的气韵，提高感染力，从而能够调动受众的阅读兴趣。简明包括简洁、明了两方面的要求。语言是新闻的载体，新闻语言的简明不仅指用字少，还要求负载的信息量要大。所以对于松散冗长的欧式句，在翻译时应将其变成简洁明了的短句。在现代汉语新闻中，很少运用被动语态，而在当代报刊新闻英语中被动语态具有很强的交际语用功能，此种功能使其适用于许多主动结构无法或不便使用的场合，从而达到主动句无法企及的效果。在英语新闻语篇中，新闻工作者出于避免卷入冲突，保持中立的考虑，不便或不愿说出动作的执行者，用被动语态可达到缓和语气、言辞委婉、不伤和气的效果。因此，本节在分析当代报刊英语新闻以及当代汉语新闻文体的特点的基础上，提出了其词汇和句子的翻译策略。

一、词汇的翻译策略

译词的关键在于把握好词的含义，并试图在译入语中找到最恰当的对等语。在英语词汇翻译中要特别注意词语所蕴含的文化特色，而人们对英语报刊理解的难度主要在于对文化因素的理解。报刊体裁广泛、内容丰富，报刊语言中渗透着英语国家的行为准则、价值观念、风俗习惯、人际关系、精神风貌、民众心态等。英语报刊词语尤其是习语、典故中蕴含着丰富的文化内涵。例如：

例 1：To Buy or Not to Buy

译文：买还是不买

分析：本句套用莎士比亚的名句“To be or not to be”，暗示投资就像哈姆雷特当时决定是生还是死那样艰难，形象地表达了投资者思想活动的激烈。仿词套用名言、典故、谚语和文学著作之名，产生明快犀利、生动幽默的表达效果。

随着国外文化元素的渗入，英语新闻中也出现了一些能呈现国外文化的新词语。例如：

power dressing（人们在工作日穿的）显示干练的服饰

dress-down Friday 便装的星期五

street style 街市风格

acid house 迷幻狂舞热

anxious class 忧虑阶层

brat pack 顽童帮

bridge job 完全退休前的过渡工作

burnable ice 可燃冰

baby boomerang 还巢现象

ice hotel 冰雪旅馆

advertocracy 广告政治手段

globoboss 环球老板

对于报刊英语新闻中的词语主要采用以下翻译策略。

（一）直译

直译指的是在翻译时既要忠实于原文内容，又要考虑原文的形式。也就是说，在译语条件许可时，按照字面意思进行翻译。

词的文化负荷通常反映了民族的文化传统和心理习惯，直译能保存这些文化特征，因此有利于文化的交流，并能丰富译文语言的表达，在当代报刊新闻英语词汇翻译中尤其如此。例如：

例 2：hot dog 热狗

olive branch 橄榄枝

An eye for an eye，a tooth for a tooth.

以眼还眼，以牙还牙。

例 3：The death of the Princess of Wales unleashed out-pourings of newly-coined honorifics，for instance "a present-day Cinderella whose clock struck midnight all too soon..."

译文：威尔士王妃戴安娜的逝世导致了大量新敬语的产生，比如"一个当代灰姑娘的故事，只是午夜钟声过早地敲响了"。

分析：这里用灰姑娘的故事比喻戴安娜王妃——戴安娜出生于平民家庭，却与英国王子结婚，颇似童话故事中的灰姑娘。因此可采取直译的方法，翻译为"当代灰姑娘，只是午夜钟声过早地敲响了"。

例 4：Fox began making expensive event films last year，and its first big gamble paid off handsomely. The 70 million dollars sci-fi fantasy *Independence Day* grossed more than 800 million dollars around the world，inspiring talk of a turn-around at the studio after years of lacklustre box-office returns.

译文：从去年开始，福克斯公司着手摄制昂贵的"大片"，它的第一次赌注回报颇丰。七千万美元的科幻片《独立日》在全世界共获毛利八亿美元，使大家都说多年低迷的电影公司票房收入有望遽然回升。

分析："event film" 实际上指投入大、制作成本高、演员规模庞大或质量出众的影片。

还有一些通过类比产生的词汇一般也可以采用直译的方法，例如，当 doublespeak（假话，欺人之谈）出现时，类似的 newspeak（假话，指以模棱两可和自相矛盾为其特点的宣传语言），oldspeak（陈词滥调）也开始使用。还有许多这样的用法，如：

computerspeak 计算机语言

netspeak 网络语言

artspeak 艺术语言

collegespeak 校园语言

Chinaspeak 按中国人的说法

White-Housespeak 按白宫的说法

Olymspeak 按奥运会的说法

Reaganspeak 里根的讲话方式

Clintonspeak 克林顿的讲话方式

另外一些容易理解又可以找到对应事物的词汇也可以采用直译。例如：

mad cow disease 疯牛病

counterfactual history 篡改事实的历史

Internet bar 网吧

dispositional optimism 生性乐观

comparisonshop 比较购物

supersymmetry 超对称性

information super-highway 信息高速公路

business tourism 商业旅游

Gulf War Syndrome 海湾战争综合征

genetic engineering 基因工程

information warfare 信息战

bluetooth 蓝牙

broadband network 宽带网

broadcast storm 广播风暴

（二）意译

意译指的是忠实于原文内容，但在形式上另有创新的翻译方法。语言是交际工具，只有译文的表达符合了汉语的习惯，读者才能够领会语言在特定文化领域内的含义，从而达到交流的目的。为了达到这种目的，我们要舍其形而取其意，即意译。但无论怎样翻译，译文的内容一定要与原文吻合，至于形式可因两种语言的表达方式不同而异。以下四种常用的词汇应采用意译的方法。

第一，当代英文报刊中出现的新事物。多数报纸都设有专门的栏目来报道各领域的最新动态，如体育、医疗卫生、科技、文教、金融等。在众多的专业领域里，计算机网络方面的新词最多、最丰富，在日常生活中亦运用频繁。例如，screen-saver face（屏幕保护）是一种电脑程序，装了这种软件后，当电脑暂时不用时，荧屏就会自动重复出现一些固定的图案，但是，这些图案再好看，看多了也让人生厌，所以现在 screen-saver face 就被用来形容一个人百无聊赖的样子。还有一些其他的例子：

quality time 跟孩子一起谈话的时间

apple-pie issue 反映美国社会传统价值观念的政治议题

boondoggle 琐碎而无价值的工作

cybersquat 网上盗名登记

grid 政府管辖不及的偏远地区

mouse potato 电脑迷

the physically challenged 行动不便者

第二，适用于旧词增添了新意的情况。随着时代的发展，一些原有的词语也被赋予了新的含义。例如：administrator 最初的意思是“管理人”，但是现在已被特指为 an agent appointed by the court to administer the affairs of an insolvent company（法庭指定的破产公司管理人）；awesome 最初的意思是 full of awe（充满敬畏），现在可以指 marvellous（奇迹般的）。还有很多这样的例子，包括：mad 相当于 exuberant（激动的）；wicked 相当于 excellent（好极了）；action 相当于 violent physical action（暴力行动）；attitude 相当于 arrogance（高傲的态度）。

第三，还有一些英语历史典故，也需要用意译法翻译。

英语典故在英语语言文化中占据了相当重要的地位，其特点是内容丰富、来源广泛、形象生动、寓意深远。英语的典故基本上来自西方文学名著、寓言、传说、电影、重大历史事件或重要人物等。其中来自《圣经》、古希腊神话、古罗马神话和莎士比亚作品的更是不胜枚举，如：mentor（良师益友，出自古希腊神话），John Hancock（亲笔签名，出自美国独立战争），out of measure（过分，出自莎士比亚作品）等。频繁而灵活地运用历史文化典故也是当代报刊惯用的手段，因为这些典故生动形象，运用在新时代赋予了新事物、新现象以丰富的文化内涵。例如：

例 5：The Writing on the Wall for Paper and Pencil

译文：大难即将降临

分析：以上新闻标题中的“the writing on the wall”或“the handwriting on the wall”是个常用的英文成语，出自《圣经旧约·但以理书》，讲的是古巴比伦国王伯沙撒宴请众臣，席间突然发现有手指在粉墙上写字，国王便招来巴比伦哲人解释所写内容，无人可以读懂。后来，但以理被请来，他读出了即将亡国的征兆。所以“the writing on the wall”绝不仅仅是“墙上的文字”之意，确切的含义是“a sign of impending disaster”，即“大难临头之兆”，常常和 read 或 see 搭配。如果“the writing is on the wall”，那就是说大难即将降临，避之亦不及了。

第四，一些新的合成词在不能直译时，需要意译。例如：

例 6：As reported，the system in the district worked around-the-clock to dial the numbers printed on each advertisement，and eight such mobile phone users surrendered to the government on the first day.

译文：据报道，该地区的系统昼夜不停地拨打广告上的号码，在第一天就有 8 个这样的手机用户向政府自首。

分析："worked around-the-clock"十分形象而且读者看到该词就能联想到时针绕着钟表走的样子，因而很容易理解它的意思。只有意译为汉语的"昼夜不停地工作"，这样译文才可以传达原文的内容，这样的语句也符合汉语的习惯。

（三）增词

为了保留原文的文化色彩，而直译又不易使译文读者理解时，可在直译的基础上增加适当的解释性词语。例如：

例 7：The staff member folded like an accordion.

译文：这个工作人员就像合拢的手风琴似的——不吭声了。

例 8：The bubble has burst for the generation that expected to inherit the "Pacific Century".

译文：一度期望发扬"太平洋世纪精神"（美国西部开发精神）的那代人的好梦像肥皂泡一样破碎了。

分析："太平洋世纪"指的是美国人从东海岸（大西洋）向西海岸（太平洋）开拓进展的 19 世纪，也就是开发西部的那个世纪。

又如，"apple-pie issue"译为"反映美国社会传统价值观念的政治问题"，而不是"苹果派问题"。如果译为"苹果派问题"可使读者误以为是苹果质量问题或者是苹果口味问题，所以加一些解释性的词语可以使读者更好地理解原文的意思。还有很多这样的例子：

Gatsby 暴发户

go down a storm 很受欢迎

go-to guy 善于解决问题者

on the grapewine 小道消息的传播途径

creative destruction （高科技公司的）推陈出新

scalable （电脑）增加容量的

word of mouse 鼠语（指通过网上按鼠标传播的信息）

copyleft （对有版权的软件）任意复制改动

（四）音译

音译指的是根据英语的读音巧妙地译为合适的汉语对应词，可以分为两种情况：一是完全音译为对应的汉语，二是加一些普通的词汇。现分别举例加以介绍。

第一，完全音译为对应的汉语。例如：

cool 酷

bikini 比基尼

clone 克隆

disco 迪斯科

hacker 黑客

IELTS = International English Language Testing System 雅思

talkshow 脱口秀

pizza 比萨饼

第二，需要加一些普通的词汇。例如：

DINK family 丁克家族

BITNET 比特网

grunge 格朗基文化

Macy's Parade 梅西大游行

Yuppie 雅皮士

Snoopy 史努比狗

Shangri-la 香格里拉

Domino 多米诺骨牌

Grammy Awards 格莱美音乐奖

punk rock 朋克摇滚乐

（五）省译

随着东西方文化的交流和相互影响，人们已开始合理、自然地在汉语中运用英语新词。现在，在一些报纸杂志中可以见到这样的表达："透视中国MBA""加入 WTO 将改写中国经济"。在日常交谈中人们也经常直接运用 CD、VCD、DVD、MTV、e-mail 等词，而不再使用汉语译文。

二、句子的翻译策略

首先，我们说文学翻译重“神似”，诗歌翻译既重“形似”，又重“神似”，但当代报刊英语新闻语篇不同于文学体裁，其主要目的是传递信息。因此，英语新闻语篇翻译的重点应在“思想内容”或“语义层次”的翻译。其次，尽管英语新闻句子结构复杂，且多有结构松散的句子，但总的来说，英语新闻是一种严肃、正式的文体。最后，英语新闻的传播量大、传播面广，因而阅读的人多，读者的文化程度差异也较大。考虑到以上三个因素，本小节将从以下六个方面简述英语新闻句子的翻译策略。总的原则应是：译语总体上须严肃正式，但同时又要力求通俗易懂、雅俗共赏；重“意”轻“形”；译文以“归化”为主，“异化”为辅；语言力求准确和简洁。

（一）化静态句为动态句

英语趋向于少用动词，而汉语则倾向于多用动词，这是因为英语动词的造句功能比汉语小得多。英语限定动词受严格的主谓关系限制，一个简单句或分句大多只有一个谓语动词（少数有两个或两个以上的并列谓语动词）。英语中少用动词的一个直接原因是动词可以名词化，可以变“动”为“静”，另一个原因是英语中某些介词，如 against、through、off 等具有动态和动作的意义。汉语以动词当介词，在表达“通过”“离开”“超过”等英语介词的词义时，往往变静态为动态，使用动词。例如：

例 1：Many more visitors than it can comfortably hold pour into it, off the regular streamers, off chattered motorboats and off yachts, all day they amble up the towpath, looking for what?

译文：来客多了，这个小地方就拥挤不堪。搭班船的，坐包船的，驾游艇的，一批批涌到，从早到晚，通过那条纤路，漫步进村观光，想看什么呢？

例 2：He came to me with a smile.

译文：他带着微笑向我走来。

例 3：Like an indulgent parent，President Clinton has been unusually attentive to child boom.

译文：就像一个溺爱孩子的家长一样，克林顿总统对这次婴儿潮显得格外关注。

例 4：He mouthed fine words about friendship.

译文：他满口是友谊。

例 5：The White House press secretary is once more backgrounding newsmen for the president.

译文：白宫新闻秘书再次代表总统给新闻记者提供背景。

例 6：The obvious way to mop up some of the demand—more high-rise，high-density apartment blocks.

译文：解决部分人住房需求的一个显而易见的办法是建造更多的高层、高密度公寓楼。

（二）化欧式长句为汉语短句

在英语长句的翻译过程中，一般采取下列步骤。翻译长句时，先要弄清楚原文的句法结构，找出整个句子的中心内容及其各层意思，然后加以分析，不拘泥于原文的形式。因此在翻译此类句子时要在充分理解原文的前提下，打乱原来文体的顺序，分成若干小的语言单位，按照汉语的逻辑关系，用若干个小句来合理地表达意思，但在重组汉语句子的时候要注意保持行文语气的客观性。

例 7：And there are others who say their suspicions were aroused over time，as the 55-year-old Mr. Williams，the soft-spoken，wealthy noble，who appeared on weekends turned out in fine suits，bought up property after property，providing such a large injection of cash into the village that he single-handedly brought the community back to life.

译文：还有一些人说他们的怀疑是与日俱增的，因为这位 55 岁的威廉斯勋爵总是西装革履地在周末出现。这位有钱的贵族说话和气，买下了一笔又一笔的地产，给村里投入大量现金。是他独自一人使这个小村起死回生的。

例 8：Television，it is often said，keeps one informed about current events，allows one to follow the latest development in science and politics，and offers an endless series of programs which are both instructive and entertaining.

译文：人们常说，通过电视可以了解时事、掌握科学和政治的最新动态。从电视里还可以看到层出不穷、既有教育意义又有娱乐性的新节目。

分析：在此长句中，有一个插入语 “it is often said” ，三个并列的谓语结构，还有一个定语从句，这三个并列的谓语结构尽管在结构上属于同一个句子，但都有其独立的意义，因此在翻译时，可以采用分译法。

如果翻译时完全按照英语语序用一个汉语句子表达，无疑是很难做到通顺、地道的，但是我们可以根据句意关系和逻辑关系，用很多小句合理地表达出来，这就是分译法。有时英语长句中主句与从句或主句与修饰语间的关系并不十分密切，翻译时可按汉语多用短句的习惯，把长句中的从句或短语化为句子，分开来叙述；为了使语意连贯，有时还可以适当增加词语。

句子分译有三种情况：一是当英语长句的逻辑关系以及叙述层次与汉语的表达方式一致时，翻译时可以按照英语原文的顺序翻译成汉语。例如：

例 9：Searches conducted in villages and towns in the deeply conservative south and east of country，where remnants of the ousted Taliban regime are most active，have also angered locals who complained of heavy-handed tactics and arbitrary arrests.

译文：搜寻工作主要在阿富汗东部和南部最保守的地区进行，该地区是前塔利班政权最活跃的地区。搜寻工作引起当地人的反感，他们抱怨士兵使用暴力任意逮捕当地人。

分析：该句的语法逻辑与语义逻辑基本上与汉语是一致的。

a. Searches conducted in villages and towns in the deeply conservative south and east of country

b. where（the deeply conservative south and east of country）remnants of the ousted Taliban regime are most active

c.（searches）have also angered locals

d. who（locals）complained of heavy-handed tactics and arbitrary arrests

二是当英语长句的表达次序与汉语完全相反时，应改变原文的逻辑顺序，从原文后面进行翻译。例如：

例 10：Arafat earned international prestige and Palestinian respect verging on hero worship for holding out against the Israelis in Beirut for three months without the support of any Arab regime.

译文：阿拉法特在没有任何阿拉伯政权支持的情况下在黎巴嫩坚持斗争了3个月，因此在国际上赢得了威望，并且赢得了巴勒斯坦人近乎对英雄的尊敬。

分析：该句的语法逻辑为：

a. Arafat earned international prestige and Palestinian respect verging on hero worship

b. for holding out against the Israelis in Beirut for three months without the support of any Arab regime

语义逻辑为：

a. holding out against the Israelis in Beirut for three months without the support of any Arab regime b.（so）Arafat earned international prestige and Palestinian respect verging on hero worship

很明显语法逻辑和语义逻辑是相反的。

三是当语法逻辑和语义逻辑非常复杂时，翻译时应打乱各分句顺序，按照合乎汉语语义逻辑的顺序进行翻译。例如：

例 11：Just advanced by the Russians and later picked up and made much of by certain American writers，was the claim that U-2 pilots were worried that if the device had to be used the CIA had rigged it in such a way that it would exploded prematurely，thus eliminating，in one great blast，all incriminating evidence，planes and pilot.

分析：最初的语法逻辑为：

a.（the clause）just advanced by the Russians and later picked up and made much of by certain American writers

b. the claim was that U-2 pilots were worried

c. if the device had to be used

d. the CIA had rigged it in such a way

e. that it would exploded prematurely

f. thus eliminating，in one great blast，all incriminating evidence，planes and pilot

我们可以看出来其语法逻辑与语义逻辑是不一致的，所以根据语义逻辑我们可以翻译为：俄国人首先提出一种说法，后来美国某些写文章的人接过来大肆宣扬（a），即认为：U-2 型飞机的飞行员担心的是（b），中央情报局已在这种装置上做了手脚（d），一旦需要启用（c），就会提前发生爆炸（e），机毁人亡，一切证据都化为乌有（f）。

（三）化被动句为主动句

报刊英语虽然与一般英语文体相似，其动词的主动语态形式往往占主导地位，但是，被动语态的实际应用也占较大的比重，其出现频率多于其他文体，并体现出以下规律。

第一，为了突出强调新闻事实，或动作的接受者比执行者更重要时，尤其当动作的接受者是诸如一场灾难、战争、冲突、骚乱中的伤亡人员、人数，犯罪案件中的被害者等读者急于想了解的事实时，往往采用被动语态。例如：

例 12：A total of 97 people were injured，37 seriously，when two buses collided in Shanghai's Gonghe Xinlu Monday morning. Traffic on the road was restored two hours later after the two damaged buses were removed, the local *Wen Hui Bao* reported.

译文：昨天清晨，闸北公园南首共和新路上发生了一起两辆公交车相撞的特大交通事故。事故造成车辆毁损严重，同时造成 97 名人员受伤，其中 37 人受伤比较严重。

分析：译文一开始就把受伤人数放在句首，使读者立即就能知道这场车祸的严重程度。

第二，当避免提及动作的发生者时或当隐藏消息来源时，往往采用被动语态。例如：

例 13：In Washington today，Egypt's ambassador to the United States and other Egyptian officials went to the National Transportation Safety Board，to review evidence from the Egypt air crash. The Egyptians are particularly upset about leaks to the media from the US government，which have then implicated the plane's co-pilot Camille Batutti. In Cairo today，ABC's Sheila Mcvicear has been talking，one more time，to Mr. Batutti's family.

分析：在这一则新闻中，有一个被动句："The Egyptians are particularly upset about leaks to the media..."。其中动词"upset"在词典中有一个义项为："to cause to worry，be sad，be angry；not be calm"，汉语意思为"使焦急，使悲哀，使愤怒，或者使心烦意乱"。

我们这里主要阐述一下把被动句翻译成主动句的四种策略：

第一，把英语被动句译成不带有被动标志的汉语主动句。英语中有些被动句，即使译成汉语后不带诸如"被"之类的表达被动意义的词，其被动意义也是显而易见的，这种情况下把被动句译成形式上的主动句。

例 14："Hundreds of my comrades were killed in a prison uprising a day earlier，" a fighter said.

译文：有个士兵说："在前天发生的监狱暴动中，我数以百计的战友惨遭不幸。"

例 15：The decision to invest heavily in an enterprise was not taken lightly.

译文：对一个企业进行大量投资的决定不会轻易做出。

第二，译成有主语的汉语主动句。翻译时可将原句中的主语译成汉语的宾语，而把原句的行为主体或相当于行为主体的介词宾语译成主语。如果原句中没有合适的词充当译文的主语，可以增补“人们”“有人”等泛指性的主语。

① 保持主语不变。

例 16：The death toll was not established but was thought to be high.

译文：死亡数字尚未确定，但一般都认为会相当大。

② 原句主语变成译句宾语。

例 17：Journalists were barred from approaching the site.

译文：不准记者接近那个俘虏营。

③ 主要成分变成了译句中的次要成分。

例 18：He said, “About US $10 billion had already been spent, half of it on infrastructure.”

译文：他说：“迄今已花掉了大约 10 亿美元，其中一半用于基础设施建设。”

④ 增补“人们”。

例 19：The two astronauts were seen to land on the moon.

译文：人们目睹了这两名宇航员在月球上着陆。

第三，译成无主语的汉语主动句。当原文没有体现行为主体时，可以把英语的被动句译成汉语的无主句。原文中的主语译成汉语的宾语，有时还可以将英语中的主语和谓语合并译成汉语无主句的谓语。

例 20：A brief account has been made about the operation of the new electronic computer.

译文：已经简单地叙述了这台新型电子计算机的操作方法。

例 21：Great efforts should be made to inform young people especially the dreadful consequences of taking up the habit.

译文：应该尽最大努力告诫年轻人吸烟的危害，特别是吸烟上瘾后的可怕后果。

第四，当英语中使用特殊句式，如“it + 被动语态 + that...”时，翻译时采用主动语态，应翻译成“有人……”“人们……”“大家……”等。例如：

例 22：It is presumed that the ship’s radio equipment was put out of action during the fire.

译文：根据推测，这艘船的无线电设备可能在大火中失灵。

（四）化形合为意合

不同语言的句子内部或外部连接几乎都使用句法、词汇、词义这三种手段。用前两种手段连接称为形合，用后一种手段连接称为意合。英语句法结构重形合，句中各成分的相互结合常用适当的连接词语表示其结构关系，而汉语句法结构重意合，句中各成分的相互结合多依靠语义的贯通、语境的映衬，因而少用连接词语。英语句子以形连表意连，表示关系的关联词如关系代词、关系副词都起着重要的纽带作用，主从、并列关系以及因果、让步、条件等关系十分明显。汉语造句则少用甚至不用形式连接手段，注重隐形连贯、事理顺序、功能意义、以神通形。汉语句子意连形不连，句子之间的关系隐含其中，即使是长句，其脉络与气韵能够感受但标记却不明显。

英译汉时由形合法向意合法的转换不仅仅是删减连词的问题，而且往往涉及整个句子结构的调整和重新组织。因为英语句子的形合机制可以通过各种连接词或关系词将先发生的事后说，可以先说结果后说原因。而汉语习惯则是按照时间顺序和事理逻辑组织句子，先发生的事先说，先原因后结果，这样即使不用任何连接词也可以交代清楚。因此，英译汉时就要调整成分和分句顺序，使之符合汉语习惯。例如：

例 23：His daughter remarked how he took a different seat from that which he usually occupied when he chose to attend divine worship.

译文：他往常做礼拜总是坐在固定的位子上，那天他女儿却发现他没有坐在老地方。

分析：原文是个主从结构的句子，包含一个由关系代词“which”引导的定语从句。翻译时将主句和从句分别译为两个分句。按汉语习惯，则先译从句，再译主句。

例 24：Science moves forward，they say，not so much through the insights of great men of genius as because of more ordinary things like improved techniques and tools.

译文：他们说，科学的发展与其说源于伟大的天才人物的真知灼见，不如说源于改进了的技术和工具等更为普遍的东西。

例 25：But whether their efforts can be more effective than those of the traditional politician may depend not so much on the present day working scientists, but on the scientist now being trained.

译文：但是，他们的努力是否能够比传统的政治家的努力更有成效，与其说取决于现在工作的科学家，倒不如说取决于正在培训的科学家。

（五）化主语为主题

英语是注重主语－谓语结构的语言，主语是最重要的句子成分，造句离不开主语。汉语是注重主题的语言，话题和评论在语法关系上表现为主题与论述。由于英语常用的主谓框架与汉语常用的话题－评论结构大不相同，因此在双语转换中不得不时时考虑它们的对应形式。例如：“A dialect is known by every linguist in this room.”（有一种方言在这间屋子里的每个语言学家都懂得）。这里，把英语的主谓句译成话题－评论型的汉语句子。其中话题“有一种方言”是结构重心，其后是环绕话题展开的评论。汉语句子必须以主题为中心，将主题放在前位，句子才显示出脉络和顺序。因此在翻译时只有兼顾源语和目的语的句法结构和表达习惯，才能忠实地体现源语的内容。例如：

例 26：An explosion at the apartment block in the northwestern Brussels killed four people and injured 14 early yesterday，police said.

译文：警方说，昨天在布鲁塞尔西北的一座公寓楼里发生了爆炸，结果导致 4 人死亡，14 人受伤。

例 27：In an incident that is another major embarrassment to Israel’s once-feared Mossad intelligence agency，Swiss authorities announced on Thursday that a suspected Israeli secret agent had been placed under arrest and four others were being sought，after an illegal bugging operation was uncovered by police.

译文：瑞士当局星期四宣布，警方在破获一起非法窃听案件中，逮捕了一名被疑为以色列特工的人，另有四人目前正被追捕。这一事件使得不可一世的以色列摩萨德情报局再次大为尴尬。

（六）化物称为人称

英语在选择主语时往往采用不能主动发出动作或无生命的事物名称。汉语则更习惯于人称化的说法，即采用能主动发出动作或有生命的物体充当主语。这一现象在新闻文体中也比较常见，即报刊英语新闻重物称，汉语新闻重人称。在翻译中，为了使译文更加自然，除非实际情况需要可予以保留外，宜将原文的物称说法变通为人称说法。例如：

例 28：The agreement must still be ratified by the EU’s 25 member states，which met in Brussels on Tuesday in preparation for a vote on Wednesday.

译文：欧盟 25 个成员国将于周二在布鲁塞尔开会并于周三表决是否批准双方草拟的协会。

例 29：Some imports changes in U.S. energy use have occurred.

译文：美国在能源利用方面的确有了一些重大变化。

新闻翻译有别于一般的文献和文学作品翻译，这已成为翻译界的共识，因此新闻翻译的标准与后两者也不尽相同。关于翻译标准问题，国内外翻译界已有不少评述，尤其是严复提出的“信、达、雅”三字论和美国翻译理论家尤金·奈达的“动态对等”论，这些对确定新闻翻译的标准都起着重要的指导作用。因此在这些理论以及标准的指导下，本节从报刊英语新闻的词汇以及句子两个层面进行讨论，总结了相应的翻译策略，归纳出对词汇进行翻译时主要采用直译、意译、音译以及省译等策略，并对哪些词汇采用哪种翻译策略进行了分类；在句子翻译部分，着重讲了长句的翻译策略，也就是把欧式长句转化为符合汉语表达习惯的短句进行翻译，并且针对报刊英语中经常出现的被动句、静态句等也提出了相应的翻译策略。

总之，随着科学技术的日趋发展，不同民族间的交往越来越多。思想间的相互渗透，向翻译工作者提出了不断扩大文化视野的要求。翻译本来已经不易，涉及文化、政治、经济等内容的报刊新闻的翻译则更难，从而给翻译工作带来了新的挑战。新闻翻译工作者既要有足够的有关两种语言的知识，又要具备相当丰富的有关两种文化的修养；既要用发展的眼光看待所有的语言现象，又要从语境出发解决具体的翻译问题。只有这样，作为中外文化交流的重要途径之一，外刊翻译工作才能在大众传媒中充分发挥其应有的作用，我国的新闻翻译事业才能更加健康蓬勃地发展。

第四章　英语新闻的不同题材及其翻译实践

第一节　英语旅游新闻的特点及翻译实践

一、英语旅游新闻的定义与特点

（一）旅游新闻的定义

新闻的出现极大地丰富了人类的信息交流。国内外研究人员和学者从不同的角度、不同的范围，对新闻一词给出了各自的定义。在中国最被广泛接受的是由陆定一先生给出的定义，他认为“新闻，就是新近发生的事实的报道”。

新闻是“事件”，有真实的主人公和真实的事件。同时，新闻中的事件必须是最近发生的，说明了新闻的时效性。一个过去发生的事件不属于新闻。而且，新闻必须通过公开“报道”，新闻传播所带来的影响是不可估量的。新闻翻译有效地促进了世界上说不同语言的人们之间信息的交流。它不仅是一个职业、一份工作，是说不同语言的人们之间沟通的桥梁，更是一门艺术。它能有效地帮助中文读者更好地了解其他语言国家的新闻信息。

近年来，旅游业的发展速度惊人，这也使得旅游新闻应运而生，形成了立足于旅游行业并以旅游为主题进行新闻报道的旅游新闻。世界旅游组织和联合国统计委员会将旅游定义为“人们为了休闲、商务和其他目的离开他们惯常的环境，到某些地方以及在那些地方停留的活动，并为统计上的鉴别确定了这种在外地的暂时停留‘不超过一年’的标准，同时指出‘访问的主要目的不应是通过所从事的活动从访问地获取报酬’”。因此可以把旅游新闻大致理解为：“发布旅游动态，报道旅游事件并提供相关的旅游行业服务信息的新闻。”它区别于一般新闻的地方在于其主题仅仅与旅游业密切相关。

（二）旅游新闻的特点

作为新闻类型的分支，旅游新闻不仅具备新闻的基本特点，也有其自身的独特之处。作为新兴的第三产业，旅游业具有很强的综合性，所涉及的范围涵盖了与旅游业有关的很多方面，内容丰富、涵盖面广。

1. 真实性

真实性是新闻产生的前提，所有的新闻报道都必须是对客观事物与事件的真实反映，这是新闻最重要的一个特点。任何种类的新闻，其最重要的要求就是报道的真实性，旅游新闻也不例外。因此旅游新闻报道中出现的时间、人物、地点、经过都必须准确无误，同时旅游新闻中所提供的与旅游相关的资讯和消息也必须尊重事实。

2. 实用性

这是旅游新闻较为鲜明的特点之一，旅游活动围绕着“行、食、购”等多个要素展开，与人民的生活紧密相连，这也就对旅游新闻的报道提出了实用性的要求。比如，春节临近时，一年一度的春运也即将开始。铁路、航空等部门借助新闻媒体发布春运相关信息，并以此来服务受众，这样就能方便受众及时、准确地了解有关春运的工作计划。同时还能通过新闻的发布为出行民众普及出行注意事项以及防偷防骗的相关常识。旅游有淡季、旺季之分，同时也具有一定的波动性。旅游业的快速发展，必定会随之出现大量的与之相关的旅游消息，但这些信息并非都是准确可信的。这也就在某种程度上要求新闻媒体进行筛选，保证新闻内容的准确与真实。

3. 宣传性

新闻也是宣传的一种基本形式，新闻宣传是新闻媒介进行思想、意识和观念传播的活动。旅游新闻表现了隐性宣传的作用，就是将宣传者的价值观潜藏在消息、通讯及新闻编排等体裁和形式中，不是以说教的形式，而是用潜移默化的方式去影响接受者或既定宣传对象，特别是利用重大新闻事件、精心剪裁新闻和运用新闻的编排语言，达到宣传目的。

4. 服务性

旅游业是新兴的第三产业中的重要产业，属于典型的服务行业。那么随着旅游业的发展而产生的旅游新闻覆盖范围广，涉及人们生活的多个方面，也就不可避免地带有服务性质。它不仅需要及时更新与旅游有关的动态，还需要给受众提供旅游方面的出行参考、攻略以及相关建议，这样才能满足大众对旅游信息的需求，实现新闻的价值。旅游新闻报道的内容相当广泛，既包括旅游相关的法律法规，也包括出行时的天气状况、交通信息和安全提醒，所有的这些都是服务类的信息。总的来说，旅游新闻提供的所有旅游信息都是以服务游客及旅游业为最终目的的。

二、英语旅游新闻的翻译实践

翻译活动是一项涉及委托人、译者、接受者多方人士集体参与的整体复杂行为。

翻译活动不是简单、单一的活动，要想得到高质量的译文，译者在翻译过程中必须对翻译活动的各个因素进行思考、理解。从生态翻译学的角度来看，译者必须多方面地适应“翻译生态环境”。翻译适应选择论的主要翻译方法是“三维”转换，即在“多维度适应与适应性选择”的原则之下，相对集中于语言维度、文化维度和交际维度的适应性选择转换。国内外翻译研究者对翻译的研究从未停止，对翻译一词的理解也各有千秋。但所有的说法几乎都离不开一个共同的特性，即翻译是语言的转换。而语言是文化的载体，是反映文化的一面镜子，因此在进行语言的转换——翻译时就不得不考虑文化这一关键因素。随着社会的进步，各国之间的交流日益密切，导致了不同语言、文化之间人员交流的需求日益强烈，这才促使了翻译这一活动的诞生，因此在进行语言的转换——翻译时，也必须考虑交际这一关键因素。语言、文化及交际之间的关系密不可分，也构成了翻译活动的基本内容。

（一）语言维度

语言维度的适应性选择转换，即译者在翻译过程中对语言形式的适应性选择转换，这种转换是在不同方面、不同层次上进行的。语言维度关注的是不同语言间的不同语言表达形式，因此在翻译时，必须准确无误地掌握译语与源语的语言特征，并且根据两种语言不同的语言特征在翻译时及时做出相应的调整，才能得到更好的译文。

1. 转换

英汉旅游新闻文本在语言表达方式上存在着各自的特点和特色，也正是因为这些不同特点的存在，使得译者在翻译时有必要对原文进行适当的转换。

翻译时词性的转换指的是将源语中某类词在翻译时转换成另一种词性，以求更好地传达原文的含义。

例 1："Neffenger has taken a firm hand in the leadership of TSA，" Johnson said.

译文：美国国土安全部部长杰伊·约翰逊称："奈芬格以铁腕作风管理运输安全管理局。"

分析：原文中，句子的中心大意是"take a firm hand in the leadership"，强调的是"leadership"这一动作，而其中"take a firm hand in"是动词词组，表示的是"leadership"这一动作的实现方式。但在中文的表达习惯中，多用名词作状语，表示动作行为的依据、手段或工具。考虑到英汉语言的这一特点，笔者将原文的动词短语转换成名词作状语的形式，以求译文的表达能更贴近汉语的表达习惯，读者也能更好地理解原句的意思。

2. 重组

重组主要分为两个部分——句子成分的重组和篇章结构的重组，即对句子内部成分或者篇章成分做出一定的调换和调整，以符合译语的表达习惯。

（1）语序调整

句子成分一般分为主语、谓语、宾语、定语、状语和补语。根据中文与英文两种语言行文习惯的差异，在翻译时可以适当地对句子中某种成分的位置进行调整，以符合受众的阅读习惯。

例 2：Amber Cove also will have a sprawling pool area with a swim-up bar，water slides， zip lines and private cabanas that also are quickly coming together.

译文：在未来的短时间内，琥珀湾港口还将建成配备有泳池酒吧、滑水道、高空滑索以及独立浴室的大面积游泳区域。

分析：就定语而言，一般分为前置定语和后置定语。汉语中最常见的要数前置定语，将其放在所修饰成分的前面；而英语中定语的放置位置则没有太多语法限制，通常比较灵活，既可以用形容词放在修饰成分之前，作前置定语，也可以以分词或定语从句的形式放在所修饰成分之后，形成后置定语，且两种方式可以共同存在，一起修饰某一中心词。在原文中，很明显定语可以分为两个部分，既有"sprawling"作"pool"的前置定语，又有后面一长串名词词组作后置定语。但是在翻译时，笔者并没有同时保留前后置定语，而是依据汉语一般采用前置定语的语言习惯将所有的修饰成分全部以形容词的形式前置，以求符合汉语读者的阅读习惯。

（2）篇章成分结构重组

不同的语言有不同的特点。就篇章结构来看，外国人一般都倾向于开门见山、直截了当的表达方式。通常一篇文章的第一句就是整篇文章的大意所在。而汉语则大不相同，中国人说话、写文章讲究含蓄，写作的思维属于螺旋迂回式，一般围绕主题由远及近、由表及里来进行表达。考虑到这一特点，在进行汉译时就必须跳出原文结构的限制，进行适当的成分结构重组。

例 3：Nowadays this old temple attracts around 250 visitors a day despite its secluded location，and many people even fly in by helicopter to visit the popular tourist hot-spot.

译文：尽管位置隐蔽，这座古庙每天仍能吸引大约250名游客来访，甚至有不少游客不惜乘坐直升机只为来这个广受欢迎的旅游热点一探究竟。

分析：原句的中心大意是这座古庙每天游客众多。但整句中有一个很明显的表转折关系的连词 despite，即整个句子是一个带转折关系的复合句。英语的表达喜欢开门见山，因此先给出了中心观点，但汉语的表达则大不相同，讲究含蓄迂回。考虑到这一差别，译者将原文的信息结构进行了重新整合，准确传达了原意的同时，又在一定程度上迎合了汉语的表达习惯。

（二）文化维度

文化维度的适应性选择转换，就是指译者在翻译过程中要有文化意识，认识到翻译是跨越语言、跨越文化的交流过程，注意克服由于文化差异造成的障碍，以保证信息交流的顺利实现。语言是文化的载体，每种不同的语种都是以本民族独特的文化为基础的。因此，要想做好翻译，除了重视语言层面外，也必须格外重视翻译中所涉及的一些文化因素。这就要求我们在翻译以前要对译语与源语文化有清晰的了解，恰当把握其差异之处。

1. 增补

增补是翻译中一种十分常用的翻译方法，即在翻译出原文的基础上，再增加补充必要的信息，使读者能更好地领会原文所要表达的意思的同时，迎合目的语的表达方式。在英语旅游新闻的汉译中，经常会碰到一些涉及英语文化、习俗、典故的词汇与表达，可能在汉语中没有与之完全对等的表达，这时就要采用增补的翻译策略，添加必要的解释与说明，使信息得以准确无误的传达，实现良好的跨文化交际。

例 4：He said every organization can have“some bad apples”，but that the vast majority of people at TSA are performing challenging jobs well.

译文：他还指出，每一个组织都会有一些“烂苹果”（即害群之马），但运输安全管理局大部分员工的工作表现是很好的。

分析：原句的大意是要对大部分安全管理局的员工的工作进行肯定，但也指出了其中个别员工的失职与不当行为。“apple”一词的翻译成为全句翻译的重点。苹果是一种日常生活中十分普通的水果，但不了解西方文化的人，很难清楚地了解苹果在西方文化中的深厚底蕴和内涵。西方文化博大精深，《圣经》与希腊神话成为其语言文化的重要根基所在。“apple”在《圣经》与希腊神话中都有着许多意象。《圣经》中记载：人类的始祖亚当和夏娃正是因为偷吃了智慧树上的圣果（apple）才被逐出伊甸园，开始了尘世生活，因此很多时候，西方文化中的“apple”是“original sin”（原罪）的象征。因此“bad apple”的意思在很大程度上等同于西方文化中经常出现的“rotten apple”一词，即害群之马的意思。译者在翻译时保留了“烂苹果”的语义，也将其在西方文化中所蕴含的寓意添加在后面，做补充说明，既很好地传达了原作者的意思，让读者一目了然，又巧妙地普及了“apple”一词在西方文化中的寓意，提高了阅读的趣味性，也增加了读者的见闻，可谓一举两得。

2. 释义

释义是指对该信息按原文的意思采取另一种方式说出来的方法。在翻译过程中，它通常需要译者进行周全的考虑，寻找译语中与原文的意思大致相同的表达，以寻求读者的阅读共鸣，实现跨文化交际。

例 5：Here we created “The Bea-trip” for the rest of the nation who want to live the royal highlife without breaking the bank.

译文：我们公司为大家创造了一个平价享受皇室尊贵生活的“公主之旅”项目。

分析：原句的意思是花最少的钱享受皇室般的待遇。“break the bank”若仅从字面意义来理解，很容易把其解读为“抢银行”。若是不结合语境，深入思考其汉译，仅按照字面意思逐字翻译，译文会显得有些可笑，意思表达也不够清晰。这样的翻译虽然是对原文意思的再现，但对译语读者来说很可能会造成一定的阅读困难。因为旅游新闻的受众大部分为具有一定阅读能力的读者，但对国外的文化或者习语化的表达并不是十分了解，逐字的翻译就会造成一定的阅读困难，影响原文意思的传达，同时降低读者的阅读兴趣。笔者在深入搜索该词组后，发现这一词组根据语境的不同，有其不同的含义，但在口语中多经常表示“费用太高，有耗尽资源、破产之意”。对该词组的大意进行了解后，再依据语境，凭借笔者的文化积累与对译语语言的了解，“break the bank”可以理解为高昂的消费，这样的翻译既能迎合译语读者的阅读习惯，又能准确地传达原文的意思，很好地实现跨文化的交流。

（三）交际维度

交际意图包括不同层次的显性意图和隐含意图，表层的显性意图可能是为了满足交际对方的愿望，而深层的隐含意图可能还有进一步加强联系，增进友谊，成为朋友，或控制对方、利用对方等。旅游新闻翻译就是一种典型的不同语言、不同文化间的交际活动，其目的在于为国内的读者介绍国外旅游的相关信息，加强大众对于国外文化的了解，促进不同国家间的旅游互动与经济交流。因此在进行旅游新闻翻译活动时就必须将这一重要的交际目的放在重点考虑之列。因此为了更好地实现交际目标，在翻译时往往会结合交际表达的需要对原文信息的精华进行提取，同时对不必要的信息进行一定的删减、省略。

例 6：Marriott pulls YouTube commercial after complaints from travel

译文：万豪遭投诉将争议广告设为私享

分析：这句话是一篇翻译语料的标题。众所周知，标题是新闻的眼睛，也是整篇新闻最重要的部分。标题是受众识别新闻内容、判断新闻价值的第一信号；在信息传播过程中，标题被称为新闻的眼睛，起着画龙点睛、吸引读者的作用。既然标题有着概括全文的作用，在翻译时如若完全按照其字面意思，将“YouTube”直译成“优兔”（国外知名视频网站），变成“优兔遭投诉将优兔设为私享”。这样的翻译就会出现歧义，让读者产生疑惑的同时，也带来一定的误导：“优兔”是免费的视频分享网站，怎能变成私享？毫无疑问，这样的翻译没有很好地领悟作者的思想，没能架起读者与原作者之间沟通交际的桥梁。通读全文，不难发现该新闻中“YouTube”真正的含义是指万豪酒店发布在这一视频网站上的具有争议性的一则广告。“万豪遭投诉将争议广告设为私享”这样的翻译既简洁明了，又切中主题，充分实现了其传递信息、便利读者的作用。

例 7：Banksy opens Dismaland theme park

译文：班克斯创建讽刺和扭曲迪士尼乐园的主题公园

分析：这句话也是一则标题翻译。上个例子的标题翻译是将作者隐含的意思直接表达出来，而该标题的翻译则是将“Dismaland”一词的意思进行解释说明。“Dismaland”一词是由“Disneyland”（迪士尼乐园）演变而来的，甚至都算不上真正的英语单词。若直译为“忧郁游乐园”，不加以解释说明，很难激起读者的阅读兴趣，将会是失败的标题翻译。但是在翻译时若是能多搜索，发现“Dismaland”与大名鼎鼎的迪士尼乐园的内在联系，并在标题翻译时加以体现，就能大大地激发读者的阅读兴趣，同时也将“Dismaland”（破坏版迪士尼）的内在含义普及给读者大众，达到很好的宣传效果。

第二节　英语娱乐新闻的特点及翻译实践

一、英语娱乐新闻的特点

按体裁分，新闻大体可分消息、通讯、评论、特写、论述、访谈这几类。在西方，一般分为消息、特写和评论三类。西方的特写题材广泛，手法灵活多样，不拘于结构和篇幅，强调人情味和趣味性。译者在翻译一种类型的翻译文本时，首先需要研究它的文本特点，这样有助于译者更好地翻译该文本。根据翻译文本的特点，译者需要注意语言的锤炼，避免出现翻译腔，翻译出来的译文要让本国读者清楚理解且符合本国读者的表达习惯。每一种类型的文本都有其自身的特点，相较于科技文本、文学文本等其他文本，娱乐新闻文本有着与众不同之处，即其自身的特点。而英语娱乐新闻与其他新闻不同的文体风格体现在其选取的词汇、标题和句子等方面，它们各自都有其独特之处。在翻译英语娱乐新闻的过程中，英语娱乐新闻标题的翻译是非常重要的一部分，一个好的新闻标题能一下子吸引到读者，抓住读者的眼球，所以对标题的翻译也是不可忽视的一方面。译者只有经过仔细阅读英语娱乐新闻文本，并认真分析其特点才能顺利翻译英语娱乐新闻文本。

（一）英语娱乐新闻的词汇特点

词汇是一篇文章的基本。就选用的词汇而言，英语娱乐新闻里面使用的词汇有三个方面的特点：第一个词汇特点是多使用口语词或一些通俗易懂的词，这样不会对读者的理解造成困难；第二个词汇特点是多使用缩略语，便于节省版面，也体现与时俱进的潮流感；第三个词汇特点是多使用新潮词和合成词等。因为娱乐新闻报道的是当前最时尚流行的内容，有许多词汇跟不上当今时代快速变化的步伐，因而新潮词和合成词等经常会被使用。

1. 口语词的使用

英语娱乐新闻具有“娱乐性”，目的是给广大读者提供娱乐讯息。娱乐新闻的主要受众是人民群众，新闻内容并不会出现很多复杂难懂的词汇，它所选取的词汇一般不会超出大众的阅读能力，对于读者来说英语娱乐新闻的阅读难度也会比较低。因此，考虑到更加贴近人民大众的日常生活，英语娱乐新闻中常会出现一些口语词，如 God works（上帝的安排）、not so bad（不错）、drop it（停下来）等。

2. 缩略语的使用

另外一个英语娱乐新闻的词汇特点，就是经常使用缩略语。缩略语不仅在新闻的主体部分出现，在新闻标题中更是比比皆是、无处不在的，这也成了新闻文体简练的一项重要标志。缩略语的使用避免了长单词占用过多版面，有助于版面的节省，也为读者展现了娱乐新闻报道的简洁和生动。另外使用缩略语也能体现作者对于时尚流行的感知程度。再加上娱乐新闻是一种为人们消遣的信息产品，使用缩略语能达到使交流更方便、书写更方便的目的。例如："N.Y." 为"New York"的缩写，译为"纽约市"；"teen"为"teenager"的缩写，译为"青少年"等。

3. 新潮词的使用

如今，世界各国信息化交流越来越便利，信息更新瞬息万变，新事物也层出不穷。新词汇源源不断的出现，有助于弥补语言或文化中的表达问题。娱乐新闻涉及的方面非常广泛，对于新事物的出现也比较敏感，因此新词的使用也是英语娱乐新闻词汇的一大特征，如 cinenik（电影迷）、show biz（娱乐界 / 行业）、wuxia（武侠）等。

（二）英语娱乐新闻的句式特点

在句式上，英语娱乐新闻具有三个特点：第一个句式特点是多使用简单句。简单句的使用有助于广大读者轻松理解新闻内容。第二个句式特点是直接引语的使用比较频繁。直接引语的使用有助于增加娱乐新闻内容的吸引力。第三个句式特点是句子多使用一般时态。一般时态的使用可以让新闻内容更加贴近读者的生活。

1. 使用简单句

通常来说，娱乐新闻的篇幅比较小，这样对于其选取的词汇和选用的句式都会有一定的要求。英语娱乐新闻经常会使用一些简单句，从而能减少整篇报道的字数，以达到精简的目的。同时，娱乐新闻的阅读对象主要是大众读者，因此大众读者的阅读水平决定了英语娱乐新闻在句式上要多采用简单句，少用复杂的长难句，以免给部分读者造成阅读困难。例如：

例 1：Jennifer Aniston reportedly met ex-husband Brad Pitt for dinner.

译文：詹妮弗・安妮斯顿频繁与前夫布拉德・皮特共进晚餐。

2. 使用直接引语

纵观各大新闻报刊，直接引语的使用频率极高。因为直接引语可以使新闻内容显得更加真实、更加可靠、更有公信力和现场感，同时文章添加直接引语可以使读者仿佛与当事人进行面对面的交流，特别是在英语类报纸杂志中，直接引语的使用频率远高于中文报纸杂志，因此这就是英语新闻语言的一大特色。除此之外，使用引语还可以适当减缓新闻报道的节奏，使得报道松弛有度，富有感情色彩和吸引力。在娱乐新闻中，往往都会有一些明星或者重要人物的原话，这些引用的原话可以帮助增加整篇文章的可信度，也可以让新闻更加吸引读者。例如：

例 2：“We've never seen anything like this,” said Fandango Managing Editor Erik Davis.

译文：北美最大影票销售网站凡丹戈的总编辑埃里克·戴维斯表示：“我们从未见过这样的事。”

3. 使用一般时态

在英语娱乐新闻报道中，一般现在时态和一般过去时是最常用的两种时态。娱乐新闻中多用一般时态，有助于陈述事实，强调娱乐讯息的及时性。另外，一般时态的使用也让新闻报道更加贴近读者生活，帮助读者更加亲近、动态地了解娱乐事件。例如：

例 3：Local time，Marvel's blockbuster is on pace for a $107.2 million（RMB 719M）estimated opening，which combines the midnight total with Wednesday's approximate $79 million total.

译文：当地时间，漫威的这部大片预计首映票房为 1.072 亿美元（约合 7.19 亿元人民币），这是午夜总票房加上约 7 900 万美元的周三总票房的总和。

二、英语娱乐新闻的翻译实践

以娱乐新闻自身特点的分析为基础，再结合娱乐新闻翻译的原则要求，笔者从以下三个方面总结了娱乐新闻翻译策略。这三个方面首先是词汇翻译，包含了缩略词和新潮词的翻译方法。其次为标题翻译，包含直译、意译两种翻译方法。最后为句子翻译，包含长难句、被动句和简单句的翻译。

（一）词汇的翻译

娱乐新闻是许多新词、热词的诞生地，对于如何翻译娱乐新闻中的特殊词汇，也是译者需要仔细思考的一个方面。

1. 缩略词

对于缩略词的翻译，首先要确认好正确无误的缩略词的完整形式，然后进行翻译。缩略词常见的翻译方法主要有三种：直译、意译以及音意结合。其中直译是使用频率最高的一种处理方式。直译的意义就是“不要歪曲了原作的面目”。对于无特殊含义的缩略词可以采取直译的翻译方法，而有些缩略词因为文化背景等因素需要采用意译的方法。

例 1：But would Marvel be willing to kill off the MCU’s two main heroes in quick succession？

译文：但漫威（Marvel）会愿意如此迅速地接连除掉漫威电影宇宙（MCU）的两位主要英雄吗?

分析：根据笔者查找到的资料，MCU 有许多释义，包括“微控制器”“单片机”等，但这些释义放进原文中都会造成歧义且不通顺。考虑到原文内容是电影《复仇者联盟 4：终局之战》的相关报道，这部电影的制作方为漫威电影制作公司且电影故事发生的背景为“Marvel Cinematic Universe”，即“漫威电影宇宙”，这在原文中也多次出现过。所以按照“MCU”的全拼“Marvel Cinematic Universe”，笔者采取直译的方法，将其译为“漫威电影宇宙”。

例 2：Both Tony and Cap’s endings were very clear throughout the entire process.

译文：钢铁侠和美队的个人结局在整个过程中十分明显。

分析：cap 本身有“帽子”“脱帽致意”等意义。但是它作为缩略词出现，其含义应该参考它的全拼。笔者根据原文内容和文化背景，得知此处的 cap 为 captain 的缩写，而 captain 本身有“队长”“船长”“上尉”等含义。根据原文的内容得知，此稿件评论的是电影《复仇者联盟 4：终局之战》里最后一幕的情节。笔者观看过电影，因此得知电影最后一幕是围绕“美国队长”这个人物的，所以 cap 指的是“美国队长”。之所以用 cap，是为了避免累赘和重复。翻译时，把 cap 翻译成“美国队长”也有些累赘和正式。因此，笔者参考时下网络潮流，将其翻译成“美队”，符合当下网络读者群体的阅读喜好，也达到了精简的目的。

例 3：When our heroes travel to the past in *Endgame*，they are creating new versions of events rather than doing stuff that was happening in the background of previous films that we didn’t know about.

译文：当我们的英雄们在《复仇者联盟 4：终局之战》中穿越到过去时，他们在创造新的事件，而不是做那些发生在前几部电影里而我们又不知道的事情。

分析："endgame"本身具有"最后阶段""尾声""终局"等含义。因为本节的翻译材料都是关于《复仇者联盟 4：终局之战》这部电影的，而原文中的"*Endgame*"则是取自电影名称*Avengers*：*Endgame*，所以其含义应为"终局之战"，指代《复仇者联盟 4：终局之战》这部电影。

2. *新潮词*

当今时代是一个网络极其发达的时代，人们每时每刻都可以从网络上接触到许多新潮词。著名翻译家尤金·奈达曾说过，语言背后就是文化。因此，译者在翻译时必须提前做好各种准备，仔细搜索目标词汇的各种释义。译者要紧紧跟上时代的潮流趋势，选择更加贴近大众生活的词义，使之符合新闻读者的兴趣，且在一定程度上起到促进传播的作用。

例 4：This beef stems from the fact that I believe that Natasha is really the glue of the Marvel Cinematic Universe.

译文：这种不满在于我认为娜塔莎才是漫威电影宇宙真正的"黏合剂"。

分析：原文中的"beef"本义为"牛肉"，但如果直译，其含义在原文中完全不通。而笔者在此稿件中发现"got a little bit of a beef with..."这个短语，此短语的含义为"和……有争执，有抱怨"，所以"beef"这个单词取自"get a beef with..."这个短语，其含义应该为"抱怨""不满"。所以笔者将其翻译为"不满"，符合作者的表达意图。

（二）标题的翻译

阅读报纸杂志时，人们最先看到的便是新闻的标题，所以标题就如同新闻的眼睛，对新闻起着引导、概括和提示的重要作用。新闻标题的重要性毋庸置疑，读者阅读新闻时，习惯上都是先看标题，再决定是否阅读正文，新闻界称他们为"标题读者"。作为新闻的"眼睛"，新闻标题虽然简练，却有力地概括了新闻当中最重要或最需要关注的内容。读者往往通过阅读新闻标题来决定是否继续阅读全文，一个好的新闻标题会激发读者的好奇心和探索的欲望，而一般的标题则会让读者一带而过，可能会使读者错失一篇好的报道。娱乐新闻作为各种新闻类型中的一种，不同于其他类型的新闻，其报道风格十分轻松，内容也比较有趣，吸引了许许多多的读者。也因娱乐新闻的"娱乐性"，其标题更加需要"吸睛"。在翻译英语娱乐新闻时，我们需要特别考虑读者的阅读思维习惯。

1. 直译

在翻译过程中，如果英语的表达方式与汉语的表达方式完全或者基本相同，译者就可以采用直译的翻译方法。在翻译的过程中，完整全面地将原文意思翻译出来，又不改变原文的文体形式，也不改动原文的句子、词义、结构和修辞等，这种翻译方法为直译法。孙致礼提出，无论翻译哪种题材的作品，文学文体也好，科技文体也好，新闻文体也好，直译都是翻译英语书名、篇名以及标题最为常用、可能也最行之有效的方法。直译法可以帮助译文读者轻轻松松地理解原文本的真实意义。

例 5：*Avengers*：*Endgame* Smashes Record Midnight Opening in China

译文：《复仇者联盟 4：终局之战》在中国创下午夜首映纪录

分析：在翻译过程中，为了突出新闻的时效性和可读性，可采用保留原文语言形式的方法，将该标题直译过来，使译文标题体现原文想表达的重点内容。

2. 意译

当直译法不能准确概括新闻内容，不能明确表达作者意图或是原文的表达习惯不符合汉语的表达习惯时，译者需要采取不同的翻译方法和技巧。为了达到突出的新闻效果，译者在翻译原标题时，可以对标题进行增补、删减或重组。具体可以分为：第一，对于中国读者不熟悉的新闻人物或事件，可省略名称，用有释义性的改写来替代。第二，对于简单的标题，可以增加评述性或渲染性的语言，使其更具吸引力。第三，发挥汉语的优势，巧用对仗、俗语，让标题兼有中国特色。就如以下标题，以直译的方法翻译出来的效果不尽人意，所以译者采用了其他的翻译技巧，使原文所要表达的内容与目的轻松显现。

例 6：*Avengers*：*Endgame*—What Happened with Loki and the Tesseract？

译文：《复仇者联盟 4：终局之战》——洛基和宇宙魔方的去向

分析：原文的内容是对于电影《复仇者联盟 4：终局之战》中人物洛基带着宇宙魔方逃离这一情节的评价。如用直译来翻译此标题，意思为“《复仇者联盟 4：终局之战》——洛基和宇宙魔方发生了什么？”。直译的翻译效果不仅没有很好地概括原文的主要内容，且作为娱乐新闻标题来说吸引力不够。原文并不是介绍电影中洛基这个人物所发生的事情，而是对洛基和宇宙魔方的下落这件未知的事情进行了猜测。译者将其翻译为“洛基和宇宙魔方的去向”，不仅概括了本稿件的主要内容，符合了主题，而且将疑问句改变成肯定句，给读者一种解答疑惑的渲染氛围，更容易抓住读者的好奇心。

（三）句子的翻译

娱乐新闻的词汇翻译需要使用一定的方法和技巧，那么句子翻译也不例外。要翻译好娱乐新闻语篇，处理好句子的结构至关重要，因为句子是自然地理解和记录思想的单位，也是自然的翻译单位。

1. 长难句的翻译

中文注重意合，而英语是一种形合语言，一般英语句中的成分主要依赖于语义的贯通和语境的映衬。由于中西方思维和表达习惯的巨大差异，英语在语言结构上会多采用扩展的简单句。相较于汉语喜欢短小精悍的句子，英语句子的篇幅较长。这里的英文长句主要是指，语法结构复杂、修饰成分较多、内容层次上含有两个或者两个以上的复合句，或者是含义较多的简单句。

（1）顺译法

顺译法（synchronizing）即按动作发生的先后和逻辑关系的发展顺序来处理长句。一般按时间先后描述动作或按逻辑关系发展顺序来写的句子宜用顺译法。顺译法不改变原文的原有意义和结构，直接将原文翻译成目的语。顺译法要求译者保持句子结构和意义的一致性。英语语法逻辑与语义逻辑没有差异时，译者应按照原文语序进行翻译，即顺译成汉语。

例 7：I'm just gonna type out the full exchange here，which begins during the final scene in which Steve and Peggy finally have their dance and continues into the credits.

译文：我就在这里把完整的对话展示出来，对话开始于最后一幕：史蒂夫和佩吉终于跳上那支舞，然后画面继续放映到演职员表。

分析：原文是对电影《复仇者联盟 4：终局之战》某个情节的评价。原句是一句简单句，加上非限定性定语从句后成为一句长句。但是原句的语法逻辑和语义逻辑相一致，因此，译者采用顺译法进行翻译。

（2）逆译法

将原文语序颠倒过来翻译的翻译方法为逆译法。考虑到英语的语言特点和英语国家人们的思维方式，大多数情况下，英语的语法逻辑与语义逻辑是相反的。这时，我们可以选用逆译法来进行翻译。

例 8：And don't even get him started on the logistics of returning the stones at the exact moment they were taken，as Hulk instructs him，without any help from anyone.

译文：更别说就像绿巨人告诉他的那样，在没有任何人帮助的情况下，他如何在宝石被拿走的确切时刻归还宝石。

分析：此原句的主体部分为“And don’t even get him started on the logistics of returning the stones at the exact moment they were taken”，表达的是事件的结果，而另外两个分句则是表达的事件达成的条件和背景。原句的语法逻辑和语义逻辑不一致，因此译者根据汉语的思维表达习惯，采取逆译法，将事件发生的条件和背景先翻译出来，使译文更加通顺。

2. 被动句的翻译

英语娱乐新闻中常用到被动语态，因为被动语态能显示出新闻事实或动作的接受者比执行者更重要的情况，能起到语言简洁、突出重点的作用，还可以制造悬念、激发读者的好奇心。在娱乐新闻中，被动句往往能强调事件的结果，体现新闻事件或者发生动作的接受者比执行者更加重要，再加上被动句可以制造悬念，使读者的好奇心大大增加，从而提高阅读效果。一般来说，对于被动句的翻译方法就是简单地化被动为主动。

例 9：It’s an absolute spectacle which needs to be watched on the biggest screen possible.

译文：这绝对是一部精彩的大片，银幕越大体验越爽。

例 10：It is setting a new standard and raising the bar for event films and likely will not be matched in this generation of filmmaking.

译文：它设定了一个新的标准，提高了电影大片的门槛，可能在这一代电影制作中无法匹敌。

分析：例 9 和例 10 中的被动句为“needs to be watched on the biggest screen possible”和“likely will not be matched in this generation of filmmaking”。如按照被动语态来翻译，即“需要在尽可能大的屏幕上被观看”和“在这一代电影中可能不会被比得上”，这样的译文显得十分冗长。将之化为主动，即翻译为“银幕越大体验越爽”和“可能在这一代电影中无可匹敌”，使之符合中文简洁的表达习惯，且没有改变原文意思，简明易懂。我们应该重视新闻中被动语态的翻译，运用多种手段来处理。张培基教授告诫我们说，一方面，大可不必排斥使用被动句，另一方面，也无须过度频繁地使用“被”字。

3. 简单句的翻译

娱乐新闻中常用句式简单的句子来减少篇幅，以达到精简的目的。对于大部分简单句，运用直译法即可将其意义表达出来。但是有些简单句虽然句式上十分简单，但表达的意义和表达方式却需要译者做一下改变，才能满足目标读者的阅读需求。当直译法不能准确概括新闻内容、不能明确表达作者意图或是原文的表达习惯不符合汉语的表达习惯时，译者可以选用意译法。意译法不仅要求译者有良好的语言转换能力，也要求译者深入了解各方文化。

例 11：The hype is real.

译文：真有那么夸张！

分析：此句的句式十分简单，就只是简单的“主系表”结构。用直译的方法翻译此句也十分简单，即“炒作是真的”。但是，“炒作”一词带有点儿贬义。原文是对于电影《复仇者联盟 4：终局之战》快速打破各项纪录而表示震惊和欣喜。其表达的意义应该是褒义的、带赞扬和欣喜的态度，所以“炒作”这个译法是不可取的。译者用了“夸张”这个词，贴合人们对于电影快速打破纪录这件事的震惊程度，符合原文中作者表达的情绪。再将“是真的”转变为“真有”，加上感叹号，迎合作者的兴奋之情。

第三节　英语商务新闻的特点及翻译实践

一、英语商务新闻的特点

英语商务新闻是很多商业人士获得资本市场以及全球金融信息的一个重要渠道，英语商务新闻（报纸或网络新闻）可以为他们提供很多有价值的信息，这些信息对于他们了解行业的发展状况以及投资决策具有十分重要的意义。

（一）英语商务新闻的用词特色

词汇是语言表达中最为活跃的一部分。小词具有简洁的特性，所以小词的使用能够帮助英语商务新闻达到明确、高效的效果。以下是一些英语商务新闻常用的小词。例如：lop（diminish）减少；boost（increase）增加；axe（dismiss / reduce）开除 / 减少，也可以形象地译为“砍”。

为了吸引读者的眼球，新闻编辑者尝试着使用具有多意特质的词汇和修辞手段。随着商务活动的多样化、全球化，英语商务新闻也相应产生了大量的新词，包括新词新义和旧词新义等情况，而传统的工具书有一定的滞后性，这就给理解和翻译英语商务新闻带来了一定的难度。对于新词，我们需要先理解其内涵，再根据具体情况参考使用多种翻译方法进行翻译。

例如，deleveraging（去杠杆化），这是英语商务新闻中的一个新造词，具体是指公司或个人减少使用金融杠杆的过程，是把原来通过各种方式“借”到的钱“退还”出去的潮流。

再如，lipstick effect（口红效应）就是字面意思一目了然的旧词组合，然而该词在英语商务新闻中被赋予了新的含义，也成为一个商务新词。口红效应是一种经济理论，指在经济萧条时期，人们仍有强烈的消费欲望，但难以承受大额消费，转而购买像口红这样相对廉价的非必需品。

（二）英语商务新闻的缩写特征

英语商务新闻追求简洁、高效，所以大量使用首字母缩写形式的缩略语。特别显著的是经济、政治组织和条约经常以缩写的形式出现。例如：GATT—the General Agreement on Tariffs and Trade（关税及贸易总协定）；ICC—International Chamber of Commerce（国际商会）。

（三）商务英语的语言风格

英语商务新闻经常在消息报道中把新闻出处交代清楚，这是因为记者深知读者阅报时往往较注重消息的来源。为了显示其报道“真实”“客观”“可信”，丝毫不带个人观点或态度，记者通常不仅对新闻事实，而且也对有关的言论、观点、意见等一一说明来源。例如：

例 1：WASHINGTON，JULY 8（UPI）—CNN hopes to feature Asia more prominently in its news programs in order to share in Japan's estimated $50 billion in advertising revenue this year，according to *NEWSWEEK*.

译文：（合众国际社华盛顿 7 月 8 日电）据《新闻周刊》报道，为了在今年日本估计为 500 亿美元的广告收入中占有份额，美国有线新闻网希望在其新闻节目中更加突出亚洲特色。

例 2：BEIJING，AUG.19（Reuters）—The president's visit has turned a new page in relations between the two countries，mass media here say.

译文：（路透社北京 8 月 19 日电）此间新闻界认为，总统此次来访为两国关系揭开了新的一页。

分析：从上述两例中不难发现，每条导语末尾处都标有新闻出处，即分别为“according to *NEWSWEEK*”和“mass media here say”。

二、英语商务新闻的翻译实践

（一）词和短语层面

1. 标题的翻译

苏慰凰提出，商务新闻作为新闻报道中极具特点的部分，亦有其自身的特点。由于商务新闻主要以向大众及时传递商务类信息为主，使得商务人士通过该种方式来广泛了解各行业领域内实时的商业动态及讯息，因此，英语商务新闻通常语气肯定、用词正式、语法和句式较规范，常使用正式的叙述性或者是议论性的话语来进行陈述。由于商务词在此类新闻报道中最为常见，而且商务新闻的用词更注重逻辑性和准确性，所以在翻译时不能出现太多较为复杂的修饰词。而标题作为新闻版面中最吸引人眼球的部分，需要以精悍但重点突出的方式来给读者传递所读信息的主旨。因此，标题词语在进行翻译时就需要译者格外注意，尤其要在选择和精简词语等方面加以斟酌。在英语商务新闻的标题中，科技类词语和财经类词语居多，由于这类词语专业性较强，并且其中国际商贸以及国际经济的词语都有特殊含义，因此，这类词语就需要译者着重理解。

例 1：Waymo driver falls asleep，crashes car

译文：司机打盹造成 Waymo（一家研发自动驾驶汽车的公司）车出事故

例 2：IOS 12 is now on 50% of devices，Apple reveals

译文：苹果官方数据：iOS 12 占据半数苹果设备

2. 缩略词语的翻译

由于商务英语中会根据不同的商务场景而使用不同的行业专门用语，因此，在商务新闻英语中常常会涉及一些带有自身行业特点的缩略词，这些缩略词往往具有拼写简单、包含较多信息、使用方便的特点，能够言简意赅地表达出商务意义。

通常来说，在表达思想或者表述观点时，商务英语更较常使用一些逻辑关系明确、语言清楚明白的方式进行交际，而这一特点也被广泛应用于商务新闻的表达中。

表 4-1　商务英语缩略语术语表

缩略词	全称	译文
VAT	Value Added Tax	增值税
COO	Chief Operating Officer	首席运营官
WEC	World Energy Council	世界能源理事会
NAO	National Audit Office	国家审计署
iOS	iPhone Operating System	苹果移动设备操作系统
GDP	Gross Domestic Product	国内生产总值
CNN	Cable News Network	美国有线电视新闻网
APEC	Asia-Pacific Economic Cooperation	亚太经济合作组织
IMF	International Monetary Fund	国际货币基金组织
CFTS	Child and Family Therapeutic System	美国儿童及家庭治疗系统
FOB	Free on Board	离岸价格
DD	Date of Delivery	交货日期
CGI	Computer-generated Imagery	电脑图像生成技术
FDA	Food and Drug Administration	食品及药品管理局
ANC	Acoustic Noise Canceling	消噪技术
PPP	Purchasing Power Parity	购买力平价

3. 短小词代替长难词

在商务新闻中，除了有涉及国际贸易、经济金融、营销和科技等专业领域的特殊名称之外，还有一些频繁出现的简单小词。由于这些词语简洁短小、拼写简单，能够在有限的篇幅字数限制之内概括性地表达出新闻内容，因此备受新闻业者的青睐，常会使用于各类新闻报道之中。

例 3：Previous iOS iterations only make up 11% and 7% of the pie.

译文：此前，iOS 迭代的用户仅占市场的 11%，占总饼状图的 7%。

分析：这里使用简单词组“make up”来表示占比的情况，代替了正式词汇 proportion。这样的词组使用更加简洁，也使得报道更为生动灵活。

例 4：They strives to cut costs for trade invest.

译文：他们努力降低贸易投资成本。

分析：这里使用“cut”这个小词代替了“reduce”，使句子更加简单明了，而且通过使用“cut”这一形象生动的动词，也使得报道极具画面感，对于读者而言，使其阅读体验更加丰富立体。

（二）句子层面

1. 调整句中逻辑顺序

例 5：Taking an inadvertent nap at the helm should not have been a problem for Waymo's automated systems，but the driver accidentally disengaged the self-driving mode by bumping the gas pedal. The driver remained asleep as the car drifted into a highway median.

译文：对于 Waymo 自动驾驶系统来说，开车时打个盹本不是大问题，但是由于该名驾驶员不小心踩到了油门踏板，从而脱离了自动驾驶模式。因此，当汽车已经行驶至公路中间时，司机仍在睡觉，毫未察觉。

例 6：We've been testing in Mountain View for nearly 10 years，and we are constantly improving our best practices，including those for driver attentiveness，because the safe and responsible testing of our technology is integral to everything we do.

译文：我们已经在山景城进行了数十年的测试，我们希望不断提高和改进车辆在自驾行驶中的表现，包括司机的注意力等，而在车辆行驶测试中竭尽所能地保证自驾系统的技术安全性也是努力的一部分。

分析：在进行新闻报道时，西方记者有时会尽可能地将所有信息都写在一到两句话中，这也导致了新闻英语中的句型结构整体较长。在例 5 和例 6 中，译者对句子的逻辑关系进行了处理，调整了句子的先后顺序，并且添加了相应的逻辑连词来进行翻译，使得中文读者能顺利清晰地明白该报道的内容，利于增强新闻报道的连贯性。

2. 添加相关背景句

新闻报道多使用“倒金字塔结构”，即记者常按新闻事件内容的重要性依次递减的顺序来分配段落，因此便会将最精彩、最抓人眼球的部分置于最开始的部分。

根据这一特点，译者在对英语商务新闻报道进行翻译时需要注意，对于那些并未涉及但是与报道相关的背景也需要进行适当添加，使得新闻报道的导语或开头部分完整而清楚，以便于提高读者的阅读效率。

例 7：The Huawei Mate 20 Pro is the Chinese manufacturer's second flagship release of the year and it has a lot going for it.

译文：中国智能手机制造商华为公司今年的第二主打产品为 Mate 系列的 20 Pro 产品，这也是这家公司致力于迎合市场推出的新一代机型。其中，创新无线反向充电技术无疑是最吸引人眼球的。

分析：由于原文开头处没有将其主要的大意体现出来，此处主要是以华为的反向充电技术为重心的新闻报道，所以在进行新闻翻译时，译者需要将下文的内容提前加以补充，以便能在开头的导语处就使得读者清楚新闻的主要背景情况，能够更好地了解后文。

第四节　英语体育新闻的特点及翻译实践

一、英语体育新闻的特点

翻译不仅是词汇意义上的对等还包括语义、风格和文体的对等。翻译传达的信息既有表层词汇信息也有深层的文化信息。因此在翻译过程中，对于案例文本特点的理解与把握，在很大程度上决定了整个翻译活动的成败。对翻译任务进行文体分析，是翻译活动中至关重要的一环，也是译前准备工作中必不可少的一部分。作为新闻报道的一部分，体育新闻不仅具备新闻文体的普遍特点，同时还具备自身特有的文体特征。为了更为直观与深刻地反映英语体育新闻区别于其他新闻类别所特有的文本特点，笔者将在词汇和语句等方面对英语体育新闻进行文本分析。

（一）英语体育新闻的词汇特征

1. 常用口语化词汇

英语体育新闻中经常会出现非正式用法的单词和短语，这些单词或短语一般不用于书写或正式场合。英语体育新闻的目标读者多为青年男性或运动爱好者，这一群体大多心态年轻、精力充沛。口语化的词汇能够使体育新闻语言充满活力与乐趣。为满足目标读者的阅读偏好和目的需求，英语体育新闻的语言日益趋于口语化和娱乐化，如在“Benny Feilhaber bucks popular notions of what makes an American player. He’s not a track star. He isn’t brawny.”中“buck”是非正式用法，它的意思是“to resist or oppose sth.”，即“抵制；反抗”的意思，大多用于口语当中；“brawny”具有“健壮的；肌肉发达，壮汉”的意思，也是口语中和非正式用语中常用于形容男子身材壮硕魁梧的单词。

又如，“You would not expect a player who hit only 11 winners in a match to defeat an opponent who racked up 30 but that was exactly Flavia Pennetta’s winning formula at the BNP Paribas Open last night.”。其中，“rack up”更常见于美式

英语当中，是“to collect sth.，such as profits or losses in a business，or points in a competition”的意思，即“比赛中获胜，得分”，这种用法一般用于描述体育赛事，正式文体中不常用。

2. 多用新造词汇

体育新闻报道追求新奇、独特，经常会使用一些在字典中并不存在的单词。有时记者为了追求夸张、标新立异的效果，会根据报道的内容自己“编造”一些“抢眼球”的生造词，以迎合读者多方面的“阅读趣味”（reading taste）。例如，“trophyless”是以“trophy”为词根，添加表示数量或程度减少、减弱的后缀“less”合成的新词，此处表示“未获冠军，未获奖杯”的意思。“outslug”是在短语“slug it out”（一决高下）的基础上，以“slug”为词根，添加表示“超过，过度”的前缀“out”合成的新词，此处表示“取胜，猛击”的意思。

3. 惯用专业术语

大量使用体育专业术语是体育新闻的另一个词汇特色。体育专业术语指应用于体育比赛领域的术语，由于比赛的特殊性，在赛事解说或评论中会使用一些体育术语，涉及比赛赛制、动作特点等方面。体育新闻报道中会使用很多专业术语，一方面是进行体育报道的客观需要，特定的动作、规则和事物只能用专业术语来表达；另一方面，也是报道者为了凸显其专业性、权威性和对于赛事的了解而有意为之。以下是体育新闻中经常出现的部分专业术语，如 line-up（主力阵容）、Panenka-style（勺子球）、hat-trick（帽子戏法）、unforced errors（非受迫性失误）、winner （制胜分）、underspin（下旋）、crosscourt（将球打进对方的斜对方）、drop volley（过往急坠）、grand slam（大满贯）、midfielder（前卫）、group round robin（小组巡回赛）、dribbling（带球）、ad court（左手区）、deuce court（右手区）、backswing（挥拍准备）、playoff（附加赛）等。

4. 巧用夸张或幽默词汇

英语体育新闻为了给读者留下鲜明的印象，往往会采用一些独特的修辞手段来达到语言生动、形象的效果，其中夸张的修辞手法或许是英语体育新闻中最亮丽的一道风景线。夸张及幽默的选词可以把单调的赛程表述得生动有趣，把纷繁复杂的现象表现得简单明了，给读者和观众带来更强的冲击力。例如，“Serena Williams was slow to get going against Li Na but finished with all the force of a Miami hurricane to win a record seventh Sony Open title in Key Biscayne Saturday.”，本句中“the force of a Miami hurricane”用来形容塞雷娜·威廉姆斯（小威）彪悍强劲的球风，虽然选词夸张，但能够很贴切地反映出球员超级凶悍的球风和强大的气场，并使语言充满趣味性。为了加强对读者感官的冲击力，体育新闻语言中常使用描述战斗等场景的词汇。例如，“Li Na blasted 31 winners to beat Caroline Wozniacki in a tight two-setter at the Sony Open Tennis on Wednesday night.”。本句中“blast”的原意是“爆炸，开枪射击，（通过枪击）轰开道路”，此处用来形容李娜的击球，生动形象地表现出李娜回球的穿透力和杀伤力。相比单调地描述比赛，夸张幽默的选词风格增添了体育新闻的趣味性和吸引力，也成为英语体育新闻的一个突出特色。

5. 惯用人名、队名或昵称

一般而言，体育组织或队名较长，为简约考虑，英语体育新闻中经常灵活地使用昵称或者人名等来代表某一国家、体育组织或球队。例如，“Under his stewardship， the Stars and Stripes qualified with some ease for the 2014 FIFA World Cup Brazil.”。其中，“the Stars and Stripes”是美国国旗星条旗的名称，这里用以指代美国国家足球队。体育新闻中还有很多使用地名来指代球队或球员的例子，如用“Madrid”指代皇家马德里队，“Bayern Munich”指代拜仁慕尼黑队，“Barcelona”借代巴塞罗那足球俱乐部，“Santos”指代巴西桑托斯足球俱乐部，等等。另外，体育新闻还喜欢用球星或球队的昵称来拉近与读者的距离。如“Kobe’s KO”中的“Kobe”是湖人队中科比·布莱恩特的昵称。如果读者对背景知识没有了解，恐怕很难明白其意思。

通过对英语体育新闻词汇风格的分析与研究，笔者发现英语体育新闻的词汇具有常用口语化词汇，多用新造词汇，巧用夸张或幽默词汇，惯用专业术语及人名、队名或昵称等特征。这些词汇特征的运用使英语体育新闻语言充满生机和活力，通俗易懂且又不失专业严谨，实现了使目标读者在放松愉悦的阅读过程中获取专业体育信息的目的。体育新闻多样的词汇特征，也是翻译实践中的重点和难点。

（二）英语体育新闻的常用句式及其特点

体育新闻报道与时间赛跑，时间性极强，而且在容量上也十分有限。因此体育新闻总的来说篇幅短小，语言简明活泼。在句式上，英语体育新闻呈现出多样性的特点。

首先，英语体育新闻的句式富于变化。在体育新闻报道中有倒装句，有省略句式，有借助副词、动词变化的句式等。形式多样、变化无常的句式使新闻语言生动活泼、趣味盎然。其次，富于弹性是新闻文体句式的另外一个特点：

句子松紧兼备、长短不一。作者常紧凑句式、浓缩信息，具体表现为省略句式的大量使用和高度浓缩的前置修饰。体育新闻报道有时也会使用一些较为复杂的句式，其目的是要提供丰富的背景资料，反映相关人员的观点和看法，具体表现形式为状语、定语结构的充分展开和插入语的适当嵌入。

1. 主动语态

主动语态可以使读者产生一种直接感，使叙述具有不可置疑的效果，增强体育新闻语言的权威性。同时，体育新闻侧重于以运动员或运动队伍为中心进行叙事，主动语态的使用突出了运动员们的主观能动性。体育新闻中多用主动语态的特征在新闻标题中体现得十分明显。例如，“Neymar：Messi and I dream of the final”“Li outslugs Bouchard in semifinals”，等等。主动语态的使用突出了运动员的意志和决心。

2. 简单扩展句

体育新闻属于叙事型文体，使用叙述的方式记录和报道国内外新近发生的重大体育赛事。为了报道的准确和全面，记者不免会使用从句、插入语，以及补语等来尽可能地将事件交代清楚，因此在英语体育新闻中也会出现句幅较长、句式结构较为复杂的句子。

例 1：Li must have added to her already massive fan base after her funny speech on court Saturday， when she thanked her agent， Max Eisenbud， for making her “rich” and discussed her husband and hitting partner， Jiang Shan.

译文：李娜周六在法庭上发表了有趣的演讲，感谢她的经纪人马克斯·埃森巴德让她变得“富有”，并讨论了她的丈夫和陪练姜山，这一定扩大了她已经庞大的粉丝基础。

分析：本句话句子结构较为复杂。主句之外，包含一个介词短语充当的状语成分，一个时间状语从句，以及动名词短语引导的原因状语从句。

例 2：After having to save match point to win her third round match， Li clearly fine tuned her game， dropping just six games in her fourth round and quarterfinal matches—that form clearly carried over to her semifinal match against Bouchard， as she won 20 of the first 23 points of the match to lead 5-0.

译文：挽救赛点后赢得她的第三轮比赛，李娜显然调整了自己的比赛，在第四轮和四分之一决赛中只输了六场比赛。显然在半决赛对阵布沙尔的比赛中，她以 5-0 领先，赢得了比赛前 23 分中的 20 分。

分析：本句话中包含两个动名词短语引导的状语，一个补充说明的分句以及一个定语从句。虽然结构复杂，但是逻辑关系清晰，并且清楚地交代了整个比赛过程。

通过对英语体育新闻句式及其特点的分析，笔者发现英语体育新闻中句式较为复杂的简单扩展句是翻译实践中需要解决的难点。在翻译英文长句时，首先要搞清长句的语法关系，读懂长句的基本意思，然后才能按照中文的表达习惯和语法，准确地将其转换成中文。

二、英语体育新闻的翻译实践

（一）英语体育新闻的词汇翻译

1. 新词或缩略语的翻译

对于体育新闻中出现的新词和缩略语，应当区分对待。在汉语中存在对应词义或有固定译法的英文新词，一般不再创造新的译法。但如果词义对应空缺，而且又没有被译语读者广泛接受，可以考虑意译的方法或者音译加注释的方法。关于缩略语的翻译，出于传承传统和规范汉语的目的，英文的缩略语不应再直接照搬到译文中，一律直接将其翻译成中文。

例 1：While the 28-year-old Portuguese endured a rare trophyless spell with club side Real Madrid, the highlights came thick and fast both individually and with his country.

译文：尽管这个 28 岁的葡萄牙人上个赛季在皇马遭遇冠军荒，但他个人及整个葡萄牙国家队的表现却可圈可点。

分析：通过对照中英文平行文本，“trophyless”与中文体育新闻中常见的“冠军荒”一词词义等同，故笔者在翻译中不必再做他译。

例 2：Li outslugs Bouchard in semifinals

译文：李娜半决赛横扫布沙尔

分析：在汉语中与“outslug”词义相近的词有很多，“击败”“淘汰”“战胜”等均与之接近，笔者根据语篇特征和下文中李娜直落两盘击败对手，选用“横扫”一词。

例 3：While Zizou would doubtless have preferred to end his career lifting the actual FIFA World Cup trophy, it was still a fitting recompense for one of the best players of his generation.

译文：或许齐祖更希望高举世界杯来结束其职业生涯，但金球奖对于这位巨星依然是不错的补偿。

分析：齐达内全名是 Zinedine Zidane。而 Zizou 是 1998 年世界杯法国队主教练给他起的昵称。目前所见的中文文本中，全部音译为“齐祖”，笔者借鉴该译法，但是在有些情况下加注是必要的。

2. 术语的翻译

体育新闻中的术语出现频率之高在新闻报道中是首屈一指的。有时甚至在不同的项目里，同一个词也会表示完全不同的意思。对于此类术语的翻译，可采用这一步骤，即先脱离上下文弄清它们所表达的概念、概念范畴和概念关系，再结合特定的语境（特定的体育比赛）分析其特定的意思，最后再进行两种语言的术语概念的对比和翻译。

例 4：Pennetta’s victory was built much more around patience, defense and baiting.

译文：佩内塔的胜利主要建立在耐心、防守和引诱上。

分析：网球比赛中“baiting”，常表示“放小球，调动对手上网”，如不结合语境，本句中很可能误译为“放小球”，此处“baiting”是“引诱对手主动犯错”的意思。

例 5：Drive all the way to the other side of the basket using the right or left hand with proper English on the ball.

译文：用右手或左手适当转动球，直接到篮下的另一侧。

分析：“English”一词，在这里不是“英语、英国的、英国人”的意思，在此处是“旋转运动、侧转”之意。

例 6：Williams actually hit more groundstrokes down the line than crosscourt to get the match-up she desired.

译文：事实上，小威将更多球送向直线而不是斜线。

分析：“groundstroke”一词是专业术语，表示“击打触地球”的意思。此处显然并非指击打触地球之意，而是“落点”的意思。

3. 口语及夸张词汇的翻译

体育新闻为了给读者留下深刻的印象，常常会采用一些口语化、夸张，甚至较为激烈的词语，以达到生动、形象之效。体育新闻中存在大量描述军事、打斗等场景的词汇，这些词汇增强了语言的力度，加深了对读者的感官冲击。所以译者在忠实于词义的前提下，有时不必过分拘泥于形式，视情况可采用意译或对词语进行阐释。

例 7：His predatory powers and electrifying pace made him practically unplayable for opposing defenders.

译文：面对他猛兽般的力量和闪电一样的步伐，对方防守球员往往束手无策。

分析："predatory"的本意是"掠夺的，掠夺成性；食肉的"，"electrifying"的本意是"令人振奋的，惊人的"，在翻译中译者采用意译的处理方式，分别译为"猛兽般的"和"闪电一样的"。

例 8：Serena Williams was slow to get going against Li Na but finished with all the force of a Miami hurricane to win a record seventh Sony Open title in Key Biscayne Saturday.

译文：小威虽然在与李娜的比赛中表现慢热，但最终以摧枯拉朽之势结束战斗，在周六实现了在圣弗朗西斯科的七连冠。

分析：原文中用"the force of a Miami hurricane"来形容小威超常的实力与强劲的表现。如直译为"迈阿密飓风之势"会使译文生涩，翻译痕迹明显，此处，译者意译为"摧枯拉朽之势"，既很好地保留了原文的语境，又符合译入语的表达方式。

例 9：Lakers cruise to another win over Portland.

译文：湖人轻松取胜波特兰。

分析："cruise"的本意是"to sail in an unhurried way, especially for pleasure"，即"乘船游览，航游"。作者用这一标题是想强调"湖人队"技艺超群，击败对手毫不费力气的，译者将其意译为"轻松取胜"。

（二）英语体育新闻的语句翻译

1. 转译法

转译法是指在翻译过程中为了使译文符合译入语的表述方式和习惯而对原句中的句子成分进行转换。具体来说，在句子成分方面，把主语变成状语、定语、宾语、表语；把谓语变成主语、定语、表语；把定语变成状语、主语；把宾语变成主语。例如：

例 10：Pennetta kept manufacturing her own luck, including an approach forehand net cord winner at deuce in the last game to provide her match point.

译文：运气似乎也一直站在佩内塔一边，包括最后一局平分时的一分，正手的擦网为她带来了赛点。

分析：原句中的宾语在译文中转换成了主语，若直译为"把握或者操控运气"，翻译的痕迹则过于明显，语言也显得十分生硬。这种句子成分的转换使译文符合服务于目的语读者阅读习惯的要求。

例 11：During their opening FIFA World Cup game， La Nazionale spent 75 minutes struggling to break down a resolute Austrian defence.

译文：意大利队在世界杯首战中苦战75分钟也未能攻破奥地利人牢固的防线。

分析：原句中的宾语在译文中充当时间状语，原句中动词不定式中的宾语充当主句的宾语，动词不定式中的动词充当主句的谓语。这种句子成分的转化使译文更加流畅和简洁。

2. 拆分译法

拆分法是把一个长而复杂的句子拆译成若干个较短、较简单的句子。汉语强调意合，结构较松散，因此简单句较多；英语强调形合，结构较严密，因此长句较多。英译汉时常常要在原句的关系代词、关系副词、主谓连接处、并列或转折连接处、后续成分与主体的连接处，以及意群结束处将长句切断，译成汉语分句。这样就可以基本保留英语语序，顺译全句，顺应现代汉语长短句相替、单复句相间的句法修辞原则。例如：

例 12： Once Kurt Schmid took tales of Feilhaber's sumptuous talents back to the dinner table， where his father Sigi—then coach of the U20 national team—was looking for something special to bolster his midfield.

译文：库尔特·施密德在餐桌上向他的父亲讲述了费尔哈伯在球场上惊艳的表现。他的父亲恰巧是美国时任 U20 的国家队教练斯科。此时的斯科正在寻找一位能够支撑中场的球员。

分析：这句话将原文中结构较为复杂的地点状语从句单独成句，既保留了英文语序，也使句子结构更简洁易懂。

例 13：Pennetta was a master of the unspectacular， playing more through the middle of the court than chasing angles and rarely pulling the trigger to end the point against an opponent she only got four games against at the Australian Open in January.

译文：佩内塔深谙扎实打法，将球更多送向中场，而非追求球的角度。她很少发起主动进攻来结束比分，毕竟对手在一月份澳网的比赛中仅让她拿到四局。

分析：原句是一个结构相对复杂的长句。前面短句是句子主干，后面跟随两个状语从句，其中最后一个状语从句还包含一个定语从句。译文对句子成分进行简化，把句法结构较为复杂的一个长句转换为两个短句。

例 14：Six successful strikes in Italy's final three matches， including an unforgettable hat-trick against the favourites Brazil， guaranteed that Rossi will always be recognized as the architect of his nation's third world crown.

译文：最后三场比赛中，他打入六粒进球，更在与夺冠大热巴西队的比赛中上演帽子戏法，罗西也因此被看作意大利队第三座世界杯奖杯的缔造者。

分析：译文将篇幅较长、句子结构复杂的长句，转换成为三个结构独立的中文并列句，这种句型的转换更易于译入语读者理解。

3. 增词 / 减词法

与其他翻译理论一样，功能派翻译理论也承认翻译行为的跨文化性和交际性。增词 / 减词法就是在原文的基础上添加或去除必要的单词、词组、分句或完整句，使译文在语法、语言形式上符合译文习惯和文化背景，在词语联想方面与原文一致起来，使得译文与原文在内容、形式和精神三方面都对等起来。

例 15：As explosive as he was unpredictable off the pitch， Romario arrived in the United States at the peak of his career and in a rich vein of form.

译文：罗马里奥在足球场上的爆发力如同场下生活一样不可预测，1994 年美国世界杯上的罗马里奥正值生涯巅峰，状态正佳。

分析："As explosive as he was unpredictable off the pitch" 这句话中并没有提及罗马里奥在"足球场上"的表现，但根据语句的对应和上下文，可知其很明显是在描述球员足球场上的表现，增词法添加了原文中无形式却意在其中的成分。

例 16：And despite stiff competition from big names such as Francescoli， Scifo， Laudrup， Platini， Zico and Lineker， the Napoli legend was not to be denied， especially after netting one of football's most sublime goals in a pulsating quarter-final against England.

译文：尽管竞争对手中包括弗朗西斯科利、希福、劳德鲁普、普拉蒂尼、济科及莱因克尔等众多大牌球星，但马拉多纳延续了传奇，特别是在四分之一决赛中与英国队比赛中那记惊艳的进球使他成为金球奖的不二人选。

分析：译者在译文中添加了"使他成为金球奖的不二人选"，通读原文，最后一个分句为原因状语从句，译者通过增词法，将原文深层次的意思表达出来，使译文更符合译入语的表达习惯。

例 17：Though just 22， Neymar is carrying the expectations of an entire nation on his shoulders， with many experts tipping him to lead Brazil to success at this year's FIFA World Cup on home soil.

译文：尽管年仅22岁，内马尔已经肩负着整个巴西队的希望。许多专业人士都认定他将带领巴西队在本土赢得世界杯。

分析：译者在翻译中省略了“on his shoulders”，原文当中的“carry”已经有“承担，肩负”的意思，如果翻译成“肩膀上承担着整个巴西队的希望”，不仅啰唆而且语言生涩。减词法的使用避免了译文拖泥带水、画蛇添足。

第五节　英语软新闻的特点及翻译实践

一、英语软新闻概述

（一）软新闻的定义

众所周知，新闻担负着传递信息的使命，它将近来发生的事件告知新闻接受者。值得注意的是，由于不同的读者群拥有不同的阅读需要，读者在时间精力有限的情况下，会选择自己比较感兴趣的话题进行阅读。因此，并不是所有的新闻报道都是关于军事、战争、政治、经济、科技等较为严肃的话题或题材的。新闻报道可以分为硬新闻和软新闻两类。硬新闻较为严肃，用来反映政治色彩较浓的题材，具有较强的时效性，其新闻的性质也较为显著；而软新闻则不同，主要是指那些具有人情味的新闻报道，这类文章的特点在于能够引起读者的阅读兴趣。

基于研究，笔者发现，软新闻在写法上通常不拘泥于形式，与硬新闻相比具有较浓的艺术感染力和渲染力。与此同时，软新闻的作者擅长运用形象生动的辞藻或表达法来达到吸引读者的目的，以便使读者在阅读的过程中逐渐感受到原文本的语言、文化魅力。可以说，软新闻同时具备了知识性、趣味性和可读性。简单来说，笔者认为“软新闻”最主要的一个特征就是“贴近生活”，题材较为生活化，因此较具有人文气息。了解软新闻的定义有助于体会这类文体的大致风格。而软新闻自身所具有的特点又与翻译策略与思路的选取密切相关。以下笔者从分析软新闻的特点入手，阐释软新闻的自身特点所决定的其翻译的独特性。

（二）英语软新闻的特点

软新闻最早起源于西方20世纪二三十年代的美国，从工业革命后其主要的读者都是平民大众，所以软新闻在文字内容上一直都是以通俗易懂见长的。软新闻在《一本书学会软新闻写作》中被定义为：内容上是可读性较强、易被读者接受的新闻，向受众提供娱乐、开阔眼界、增长知识、陶冶情操，形式上通俗、注重趣味性，写作动机上以调动读者的阅读兴趣为目的，表现手法轻松活泼、吸引人。由此可见，除了通俗生活化以外，软新闻最大的特点就是颇具趣味性，它的报道题材十分丰富。随着21世纪计算机和因特网的普及，网络上的软新闻不断蓬勃发展，其更新速度及更新量都让人应接不暇，与此同时这也对软新闻所占的版面大小提出了要求。

1. 通俗性

软新闻的主要读者是平民大众。由于各地经济水平不一样，以及大众受教育程度的不同，无疑存在一大批文化水平不高、接受能力较弱的群体，而这部分群体是消费读者群体中不可缺少的部分，他们也有自己的阅读需求。若是用语过于晦涩难懂或引用大量典故和专业术语，这样的软新闻势必会失去消费读者的宠爱。此外，这些平民大众都希望能从文字中得到精神慰藉或放松，因而中西软新闻在用语上要通俗化、口语化和生活化。这样的软新闻才能受到消费读者的青睐，才能获得相应的传播效果和市场。

2. 简洁性

简洁性是新闻的一大特征，要求用简洁精练的语言阐述清楚事情的原委，不要拖泥带水。特别是汉语表达中多崇尚短小精悍、字字精练。随着网络技术的进步，新闻业发生了翻天覆地的变化。在快节奏的生活中，简洁明了的软新闻无疑能获得文字消费者的偏爱。新时代下的文字消费者形成了新的消费习惯，周兆祥指出，这部分文字消费者通常没有耐心、没有闲情、没有兴趣、没有时间，甚至没有能力去享受或使用篇幅比较有规模的、深度探讨问题的文字。因而，软新闻的简洁性无疑满足了这些忙碌的文字消费者的阅读需求。

3. 趣味性

趣味性可以说是软新闻的生命力。人们的猎奇心理和从众心理使得人们对趣味性的事件兴趣盎然。特别是题材广阔的软新闻，包括了花边新闻、娱乐新闻、体育新闻、服务性新闻等，十分注重趣味性。由于现代社会给人们带来了各种压力，人们把更多的目光投在生活中的细节上，希望寻找一种让身心放松愉悦的生活方式。而软新闻则以灵活多样的形式渗透到了人们生活中，也成为人们饭后茶余的谈资，其内容活泼且具有感染力，为人们时下的生活注入了无限的活力。

总之，随着信息时代的来临，新一代文字消费者出现。他们都懒于去阅读长篇大论的文字，而是希望在最短的时间获取最大的信息量，或是获得一种精神上的放松和慰藉。软新闻的通俗性、简洁性和趣味性使得人们对它有特别的情感。因此在软新闻翻译时要使译文符合译入语国家文字消费者的语言习惯和思维习惯，使译文不仅在形式上灵活多样，还要在内容上富有感染力，符合当前软新闻的特点，这就需要在翻译过程中采取灵活的处理方法，即需要进行变译。变译理论为软新闻变译提供了有力的理论依据，给软新闻翻译指出了一条光明的道路。

二、英语软新闻的翻译实践

根据软新闻的特征，笔者在从事翻译实践过程中发现软新闻翻译中存在很多变译现象，并且在软新闻翻译中运用的方法主要有三种，即编译、摘译和译述。其中，又以编译运用得最多。为了满足文字消费者的阅读兴趣和审美情趣，译者在忠实原文内容且遵循基本翻译原则的基础上，通过有效的变译手段，摄取与原文密切关联的有效信息，将其快捷高效地传达给读者，使读者阅读到精简且高质量的译文文本。

（一）编译

编译是指对原作加工整理然后翻译的变译方法。编译是通过翻译和编辑，将源语新闻进行转换和编辑成译语新闻的一种手段。就编辑和翻译的关系而言，编辑服务于翻译；就编译的比例而言，是译大于编。就目前而言，编译是国内在软新闻翻译中运用最多的一种变译手法。根据英汉语言表达和思维的差异，要突出软新闻的特征，使翻译后的软新闻获得同样的市场和传播效果，需将英文中表达重复冗杂、逻辑顺序不当或不适合二次传播的句子或语段进行编辑整理，然后进行翻译。其具体的编译方法如调整顺序、合并同主题信息等。这样可以增强译文的可读性，使其符合译入语国家读者的阅读兴趣和理解习惯。例如：

例 1：Check your freezer or the underneath of your bed or your sadness cave to find out if you’ve been fed a cheesy lie. And return those dogs immediately. You can also give Kraft a call personally and demand you get the right dogs back.

原译：检查下你的冰箱、床底下或是哪个悲凉的窑洞里，你也许会发现那些骗人的含奶酪的热狗肠。这时，你要立马退回那些热狗肠。你可以致电卡夫食品公司调换质量有保障的热狗肠。

分析：译文对要消费者发现含有奶酪的这类热狗肠表达得十分具体，企图引起消费者重视这类可能有危险的食品。对于英语国家的读者来说，这些信息表达得如此具体也许是有必要的，但根据中文的表达习惯，若像原译文那样的译作，恐怕中文读者是无心浏览的。软新闻的简洁性要求译文短小精悍、直抒其意。所以根据中文文字消费者的阅读需求，可将原文第一句信息合并精简为7个字，再将第二句和第三句调换顺序，使得译文表达十分明确。

改译：召回宣传已打出，据悉，可致电卡夫食品公司调换那些含有奶酪的热狗肠。

例 2：These heartbreaking pictures show a 60-year-old former *Playboy* model who has resorted to showing off her bendy body in a desperate attempt to raise cash.

Once dubbed the Spider during a spell of 1970’s stardom，contortionist Christa McKenna now uses her skills to earn a living on the streets of Grand Rapids，Michigan.

原译：据英国《镜报》5 月 2 日报道，近日，一组令人心酸之至的图片在网上曝光，一位曾是《花花公子》封面模特的 60 岁老太靠在街头展示她柔韧的身体来筹集现金。

该老太名叫克里斯塔·麦肯纳，曾在 20 世纪 70 年代以柔术绝技而走红，被人们称为“蜘蛛女侠”，现在只能靠在街头卖艺来谋生了。

分析：中西思维方式的差异表现在句子结构上就是英文句子常将其重要的信息放在前面，次要信息放在后面，而汉语句子就像犹抱琵琶半遮面的姑娘，常先设悬念，最后加以评论和说明真相。由于趣味性是软新闻的根本，若像原译文那样的译文，缺乏趣味性，会使读者缺乏继续读下去的动力。因此，需要将这两段的信息根据中文读者的阅读习惯稍做调整。可将第一段整个句子译成汉语中常用的无主句，放在句末以表达观点。第二段的译文可以先具体讲述这个老太曾经的辉煌，到句末达到句子高潮。诚然，进行编译的译文不仅更加符合汉语的思维习惯，能博得读者的青睐，而且其表达更有逻辑性和美感。

改译：据英国《镜报》5 月 2 日报道，近日，在美国密歇根州街头捕捉到一组有关一位曾名声赫赫的 60 岁老太街头卖艺求生的画面，这些画面令人心酸之至。

据悉，该老太名叫克里斯塔·麦肯纳，曾是一名柔术表演者，因在 1979 年一次展览秀以捆绑身体的绝技而一炮走红，并且成为美国著名杂志《花花公子》的模特，还被人们称为“蜘蛛女侠”，而今却物是人非，沦落到如此境地。

（二）摘译

摘译是指先摘后译的变译方法。摘译的关键是“摘”，即摘取原作的精华，是译者根据读者的审美取向、兴趣爱好和期待视野进行的摘取。摘译的必要性：一方面是软新闻要求语句简洁明了，有着字数和版面的限制；另外一方面是为了适应市场经济的发展、跟上现代新闻更新速度和满足读者的需求，为此要摘取与主题联系最紧密的句子或语段进行翻译。英文句子在表达时会采用许多引语和事例来证明一个主题，若全译过来则显得文段信息比较冗杂，而中文多偏向用经典的一个或少数几个事例来说明文段表达的意思。所以在翻译时，要符合中文读者的阅读习惯，摘取集中于表达一个主题的有效信息，这样不仅可以大大提高读者的阅读效率，还提高了信息的质量，使读者在最短的时间接触到最有价值的信息。例如：

例 3：When Japanese artist Ayano Tsukimi returned to her village 11 years ago， it wasn’t the place she once knew it to be. There were hardly any people around anymore， so she decided to repopulate the place herself—with handmade dolls. These dolls can be seen strewn across the village，on benches，in the street，outside her home，working in farms，and even lounging about the abandoned school compound. Over a span of 10 years，she has sewn about 350 life-size dolls，each one representing a former villager.

原译：当日本女艺术家月见绫野回到她昔日生活了 11 年的小山村，她发现那个地方已不是她记忆中的模样。那里几乎人烟寥寥，所以她决定要亲自用手工制作的娃娃来为这个村庄增添人气。这些娃娃遍布在乡村的各个角落：长凳上、街道上、屋门外、农场上，还有废弃的学校操场上。10 年来，她缝制了 350 个娃娃，每个都代表着一个村民。

分析：原文是一则软新闻的第一段，就日本艺术家制作玩偶加以仔细描述，根据全文所表达的内容，可以把主题归为“诡异至极！日艺术家缝制玩偶为荒村添‘人气’”。若按照原文全译出来，如原译文将信息点全部暴露在读者面前，或许读者根本不想了解这些细节，而是好奇这个艺术家为什么要这样做，所以直接从第一段摘取日本艺术家缝制玩偶为荒村添人气这一信息点就足够了。这样既能突出文章主题，又能巧妙地引起读者的兴趣。

改译：日本一位名叫月见绫野的女艺术家，回到她昔日生活了 11 年的小山村，发现这里人烟寥寥、大不如前而萌发一怪异想法：用手工制作的玩偶来“装扮”村庄，以此增添“人气”。

（三）译述

译述是译者用自己的语言转述原作的主要内容或部分内容的变译活动。译述的核心在于“述”，即通过另一种语言传达原作的思想，对原文思想进行转述，目的是创造出读者乐于接受的文本样式。译述甚至被有些学者称为“解决翻译实践中的变译问题的抓手”。译述在不改变原文内容的前提下，使译者有更大的自由选择恰当的词义形象准确地表述原文的思想和内容，以达到更好的效果。译者可处在读者需求的立场，对原文进行转述、提炼和浓缩。要增强软新闻的趣味性，使软新闻简洁通俗，就必须对原文的表达进行灵活变通。为了引起译语读者的感情共鸣和阅读兴趣，就不得不使译文摆脱形式的枷锁。译者应通过转述原文的主题思想、优化表达帮助译语读者顺畅地获取重要信息。例如：

例 4：Nagoro is a remote village， nestled deep in the valleys of Shikoku Island. It was once a bustling center with a dam，a big company and hundreds of inhabitants. But the residents moved to bigger cities over the years，in search of better jobs，abandoning the village permanently. Its population is dwindling as the residents left behind continue to die.

原译：纳高罗是一个遥远的乡村，坐落在四国岛的一山谷处。该乡村曾是一个熙熙攘攘的中心闹市，有水坝、有大公司和成百上千的居民居住在这里。但是居民为了找更好的工作，都搬到大城市去了，遗弃了这个村落。因而，随着人们的离开和死亡，该村的人口越来越少。

分析：译文若是按照原文的形式逐字翻译，则很难引起读者的兴趣。但若在理解原文的基础上对该段加以转述，突出其主题思想，即这个山村沦落成现在的境况的原因，那读者的兴趣定会大增。

改译：据悉，这个山村名叫纳高罗，坐落在四国岛的一山谷处，曾是人口集中、繁华茂盛之地。但由于村民为了寻找更好的工作，都接二连三地搬去了大城市，遗弃了这个地方，因此随着人口的锐减而沦为了一片荒凉之地。

例 5：Never smile at a crocodile or sit on its face and drink its tears. Yet that’s exactly what ecologist Carlos de la Rosa spotted a butterfly and a bee doing this past December as he boated down Costa Rica’s Puerto Viejo River.

原译：千万不要对鳄鱼微笑，或还在它的脸上歇歇脚品尝下它的眼泪。但确有勇者这样做了。据悉，一位名叫卡洛斯·德拉罗萨的生态学家在去年 12 月份的哥斯达黎加（位于中美洲）的旧港河发现了一只蝴蝶和一只蜜蜂正在凯门鳄的脸上品尝它们的美味“饮料”。

改译：提起鳄鱼，估计动物界许多动物都会退避三舍、毛骨悚然。更不要说对鳄鱼微笑，或还在它的脸上歇歇脚来品尝下它的眼泪。但确实有勇者敢于尝试。据美国《赫芬顿邮报》5 月 4 日报道，一位名叫卡洛斯·德拉罗萨的生态学家在 2013 年 12 月份坐船经过哥斯达黎加（位于中美洲）的旧港河时，就正好发现了一只蝴蝶和一只蜜蜂正在凯门鳄的脸上，品尝它们的美味“饮料”。

分析：原文第一句就是主题句，用词简单易懂，若直译过来，没有任何惊喜。译者在领会原文的意义上，通过补充相关的背景知识和对原文进行了“译”和“述”，使之读来饶有趣味，突显了这两只在鳄鱼脸上享用美味“饮料”的蝴蝶和蜜蜂的胆量，给读者一种画面感。

以上论述了三种较常用的变译方法在软新闻翻译中的运用，笔者并没有对其运用的条件加以限制，原因是这几种方法在语篇变译中常需要综合运用，这需要译者有很强的专业素养，适时地根据特定读者的需求做出相适应的变译，使译文在忠实原文的基础上，达到通俗易懂、简洁明了且趣味性强的效果，获得读者的青睐。

第五章　英语新闻的翻译补偿策略

鉴于语言和文化的差异性，在进行翻译活动时，词汇、语法和篇章层面的语义损失都是难以避免的。在翻译英语新闻时同样会面临这一问题，损失的内容不但会导致译文与原文无法达到指示意义和联想意义的对等，还会影响汉语读者的阅读感受。因此，有必要对英语新闻汉译的补偿策略进行研究。

第一节　英语新闻标题的翻译补偿策略

随着信息时代的到来，人们对英语新闻给予了普遍而深入的关注，而在世界语言普遍存在差异的情况下，准确而高效的译文成为人们了解英语新闻的重要媒介。在这一过程中，标题以文字简短、醒目的特点，被视作新闻的“眼睛”，在整篇文章中扮演着精髓与灵魂的角色。可以说，好的新闻标题本身即为一则短新闻，“若标题得势，则全文皆振；标题失势，则全文皆靡”。

对新闻标题进行较高质量的翻译，可以在第一时间捕获受众的注意力，借助最为简明的语言向受众传递新闻的主要内容，让其在极短的时间内获得更多的新闻信息。这样，在英语新闻标题的翻译过程中，选择何种翻译方法、突破何种翻译障碍才能使译文显得雅趣和通俗易懂，就显得十分重要。

一、英语新闻标题翻译中的跨文化因素及其影响

较长一段时间以来，我国翻译界对于新闻翻译的关注程度不如文学翻译。但是，作为新闻的眼睛与内容的精准提炼，英语新闻标题翻译的优劣会对受众产生直接影响。而为了达到更好的翻译效果，在英语新闻标题翻译中需要充分考虑跨文化因素及其可能产生的影响，以便完成对标题的精准翻译，实现新闻的有效传播。

（一）英语新闻标题翻译中的跨文化因素

1. 思维差异

对不同国家、地区和民族而言，人们思考问题的方式和方法存在着显著的差异，而这种思维方式方面的不同会对语法习惯产生直接或者间接的影响。尤其对英汉两种语言而言，单纯在语序方面就会呈现出截然相反的情况，加之语言层面的逻辑关系存在不同——汉语中对语句的要求是先陈述原因再陈述后果，假设之后再予以推理。但是英语的语法顺序却与此正好相反。所以，在翻译英语新闻标题时，应首先对语序进行调整，然后依据汉语习惯陈述原因之后再表达结果。

2. 文化底蕴差异

对任何国家或地区而言，其文化均经过了长久的积累与沉淀，有着独特的韵味和底蕴，从而对其人民产生深远的影响。而在英语新闻标题翻译中，文化底蕴指的是在社会文化发展的历程中，国家、地区或民族经过长时间的发展而形成的俗语、典故、格言和社会文化、经济、政治、科学等现象，这些现象会通过大量的新词汇与新概念的形式表现出来，通常会带有浓厚的民族文化色彩和深厚的文化底蕴特征。倘若对这些文化知识不了解，在对英语新闻标题进行翻译时，就很难传达新闻中的信息，也就容易造成理解上的偏差。

3. 认知差异

通常来说，因为文化方面存在差异，在不同文化中成长的个体或者群体会对其他文化形成特定的认知（虽然这些认知可能是错误的）和误解。而实际上，基于认知层面的差异不单纯涉及人生观、价值观和世界观，还与宗教信仰、人文情怀以及对美丑的认知有关。也就是说，在对英语新闻标题进行翻译时，要对同一文化背景下成长起来的群体形成特定的认识，以便使翻译出来的英语新闻标题能够体现出意识文化上的差异。

（二）英语新闻标题翻译中跨文化因素的影响

1. 文化观念对翻译的影响

不同文化之间存在着信仰的差异，而这会深刻地渗透于它们各自的语言文化之中。为了保证英语新闻标题的翻译更加准确得当，除了要求译者全面而细致地了解其他文化的个性外，还应关注日常谈话差异对英语新闻标题翻译所产生的影响。例如，在翻译英语新闻标题中的称谓时，需要对不同的民族文化和风俗习惯进行分析，虽然英语中的称谓较为笼统和模糊，但在翻译成汉语时要对应着准确的称谓，以保证翻译结果能够得到受众的认同。

2. 文化差异对翻译的影响

文化被视作国家和民族的精髓，语言被视作文化的载体，并且是文化体系中重要的组成部分。因此，不同的文化背景会呈现出不同的语言习惯。可以说，对英语新闻标题进行翻译的过程也是对文化多样性进行理解和再解读的过程。因此，无论针对何种文本进行翻译，在英汉两种语言进行转换时，译者都需要清晰地掌握不同语言背景下存在的文化差异。译者不但要具备扎实深厚的文化功底，还应对翻译中的跨文化因素形成全面系统的理解，以保证英语新闻标题翻译的准确性与价值性。

二、英语新闻标题翻译的文化补偿

著名翻译理论家奈达说过，任何翻译中都有语义的“丢失”，但必须设法将其减少到最低。学贯中西的钱钟书先生也曾经说过，一国文字和另一国文字之间必然有距离，译者的理解和文风跟原作品的内容和形式之间也不会没有距离，而且译者的体会和他自己的表达能力之间还时常有距离。从一种文字出发，积寸累尺地度越那许多距离，安稳到达另一种文字里，这是很艰辛的历程。一路上颠顿风尘，遭遇风险，不免有所遗失或受些损伤。故而，欠额翻译必然存在，而欠额翻译无一例外都会导致意义的丢失，而译者的职责就是通过文化补偿设法将其减少到最低。笔者认为，欠额翻译的补偿手段包括以下几个方面。

（一）直译

所谓直译，就是既保持原文内容，又保持原文形式的翻译方法。既保持了原标题中的“原汁原味”“原风原貌”，又达到译文标题与新闻报道的内在统一，这是采用直译的最大优点。

例 1：Credit-Rating Gadfly Leaves S&P

译文：信用评级界的“牛虻”离开标普

分析：作为信用评级界的“坏警察”，在金融界以评级行业的黑脸而闻名的马克·阿德尔森离开了标准普尔评级服务公司。“不管我活着，还是我死去，我都是一只牛虻，快乐地飞来飞去。”伏尼契的小说《牛虻》曾是一代人的“青春圣经”，小说的主人公亚瑟·勃尔顿是一个为了自己的革命信仰而甘愿被命运折磨的人。他参与了反对奥地利统治者、争取国家独立的斗争，最后为之献出了生命。译者采取直译的方式，很好地保存了原标题的形象意义，即读者会在脑海里产生“形象再现”，把阿德尔森和伏尼契笔下鲜活的“牛虻”的形象联系起来，从而达到内容和形式的统一，增加了译文的感染力。

例 2：National People’s Congress： Not just a rubber stamp session

译文：中国全国人大不是橡皮图章

分析：“rubber stamp”是一个政治术语，用来描述一个人或者一个组织在法律上被赋予很大的权力，而实际上只能行使很少的一部分。中文标题将“rubber stamp”直译为“橡皮图章”一词，保留了其形象意义和联想意义，准确、鲜明且生动，同时激发了读者阅读的兴趣。

（二）创译

所谓创译，即当原标题的文化联想在译语读者心中不能引起共鸣时，译者则需要迁就译语读者的利益和志趣，根据新闻报道的内容进行创造性的演绎，使标题与报道内容相辅相成，从而能更大限度地吸引读者的注意力。但是译者不能单纯地为了博得读者的眼球而生造出一些故弄玄虚、虚张声势的标题。“改头换面”的创译应该给读者以建立在文化认同或体验的基础之上的美的享受。

例 3：HK dollar route to RMB convertibility

译文：“一国两币”可行吗?

分析：中国为促进海外贸易而推出折中方案——香港离岸市场人民币（CNH），CNH 的汇率与内地在岸人民币（CNY）的汇率十分接近，但二者均未实现自由兑换。由“一国两制”改头换面而来的“一国两币”，既符合了新闻编辑的需要，又提高了新闻的关注度和记忆价值，让人过目不忘，同时又取得了一种巧妙、新奇、诙谐的效果。

例 4：Not so golden：China’s outsize expectations

译文：中国的金牌情结：不可承受之重

分析：在第 30 届伦敦奥运会上，17 岁的举重运动员周俊在比赛中三次抓举 96 公斤失败，招致中国媒体的批评。这一事件不禁让国人反思，中国人的金牌情结是不是太重了？新闻作者套用米兰·昆德拉最受欢迎并获得好评最多的作品《生命中不能承受之轻》的语言结构，仿造出“不可承受之重”，给读者耳目一新的感觉，既突出了新闻的主题，又给新闻平添了几分特色、几分时髦。

例 5：After Apple’s high five iPhone 5

译文：苹果的天鹅之歌?

分析：传说天鹅在临死前会发出它这一生当中最凄美的叫声，人们用“天鹅之歌”来表达艺术创作者呕心沥血把自己最美好的作品毫不保留地完全展现给世人。“high five”意为举手击掌，用来表示打招呼、狂喜或者庆祝胜利。苹果公司新推出的 iPhone 5 智能手机有更大更清晰的屏幕、更薄更轻的外观、速度更快的芯片以及一个经过升级的语音助手。毫无疑问，它将成为一款热卖手机。然而专家却指出如今竞争对手的产品在很多重要方面都超越了苹果，iPhone 5 可能是苹果推出的最后一款销售火爆的手机了。作者借用“天鹅之歌”从音、形、义三方面很好地诠释了新闻的中心思想，能瞬间激起读者的认知共鸣和阅读兴趣。

（三）释义

我国著名翻译理论家刘宓庆在提到英语新闻标题汉译时指出，“如果英语标题寓意于某种修辞手段（如双关语、比喻、押韵等），而这种修辞手段在语言转换中与汉语难以契合，则必须舍弃原来的标题，按内容概括出合适的译文标题。切忌生搬硬套，在译文中使用晦涩难懂的标题”。而为了追求趣味性和吸引力，新闻标题中广泛使用风趣的俚语、俗语、典故以及幽默、讽刺、夸张、比喻、双关语及故弄玄虚的措辞，这就要求译者在翻译英语新闻标题的时候根据新闻报道的内容增补一些注释性词语以利于中国读者理解。在翻译含有修辞手段和典故类的标题的时候，释义法能够发挥很大的作用。释义不是逐字逐句地翻译原文，而是直接向译语读者解释原语词句在上下文中的意义的一种手段，用译语中的习语和文化真实地再现原文信息。

例 6：Playing peekaboo with audit watchdog

译文：审计监管何去何从，中美之间难题待解

分析：四大会计师事务所之一的毕马威（KPMG）中国附属机构从一家中外合作企业转制为合伙人多为中国籍的本土化企业。由于中国不允许美国会计监管委员会检查国内审计机构，该委员会可能不会批准它取得新的注册资格。“peekaboo”或“peek-a-boo”即“躲猫猫”，是一种逗乐婴幼儿的游戏。如果直译为“跟审计监管玩躲猫猫”不免太媚俗，不仅体现不出政治、经济类新闻的严肃性，还会给中国读者带来理解上的困难。而用释义法翻译过来的标题用对仗工整、简约晓畅的文字提纲挈领，既突出了新闻的重点，又体现了中文标题的魅力。

例 7：Is the pen mightier for Japanese publishers

译文：百度文库因侵权问题遭日本出版商抗议

分析：日本四家出版协会组成的联合会发布联合新闻稿，要求中国互联网搜索巨头百度公司采取措施，禁止有版权内容上传到“百度文库”之中。“The pen is mightier than the sword.”是一句英语谚语，意思是“笔诛胜于剑伐”，也就是“文胜于武”。汉语新闻标题重简约、明白、晓畅，更符合中文读者对新闻标题的期望。

翻译新闻报道是一件非常严肃的工作，而作为“新闻之眼”的标题翻译，既要做到不违背翻译宗旨，又要起到画龙点睛的作用，使新闻信息突破语言、社会和文化的障碍，在全球范围内得到迅速、广泛的传播。既然翻译过程中语义的丧失是不可避免的，译者的主要职责则在于从具体的上下文出发，选择最合适的手法传达原文信息，尽可能地做到译语标题和原语标题最大限度的等值，在忠于原文作者和忠于译语读者之间找到最佳的平衡点，以更好地促进世界文化的交流。

第二节　英语科技新闻的翻译补偿策略

由于语言文化差异等因素，在作为源语和目的语之间语言文化信息转换活动的翻译中，不可避免地会发生翻译损失。翻译损失是翻译过程中信息、意义、语用功能、文化因素、审美形式及其功能的丧失，具有不可避免性。为了有效实现语言文化信息转换并达成有效交际，译者就必须有意识地进行翻译补偿，最大限度地恢复因语言、社会文化差异等因素而损失的各种意义和审美价值。故此，翻译补偿就成为减少翻译损失，尽可能完整再现原文的必要手段。夏廷德将翻译补偿定义为“以目的语为主，辅之以符合目的语规约或规范的其他语言手段，根据文本类型和翻译目的，对翻译过程中潜在的或发生的损失进行的修复或弥补”。

翻译补偿分为两个层面：一是语言学层面，包括词汇补偿、语法补偿和语篇补偿。二是审美层面，包括审美形式的功能、价值冲突和形义统一性等方面的补偿。翻译补偿的原则包括需求原则、相关原则、重点原则、就近原则、等功能原则和一致原则。具体而言，需求原则要求把源语损失作为补偿前提以宏观上保证补偿的合理性；相关原则要求补偿内容与原文和原作者意旨相关，以避免补偿偏离正轨；重点原则强调依据文本类型和翻译目的等对损失实施重点补偿，以发挥补偿资源的最大效能；就近原则允许译者在语篇层面实施异位补偿以实现整体效果等值；等功能原则要求译者按原文形式负载的功能和原作者意图进行补偿，以避免原文形式移植带来的负面效应；一致原则强调的是译文和原文在内容和整体风格上的一致。

科技新闻翻译过程中发生的损失也同样需要补偿。科技新闻翻译要遵循忠于作者、服务读者，语篇处理逻辑清晰、表达流畅，译文地道的原则，在一定程度上，这些原则在译文中的体现都要与翻译补偿发生联系。

一、英语科技新闻翻译的语言补偿

语言学层面的翻译补偿分为词汇补偿、语法补偿和语篇补偿。

（一）词汇补偿

由于不同语言在词汇层面存在差异，科技词汇在翻译转换过程中容易发生词义损失，译者可采用增益、具体化和概略化等手段对损失加以弥补。

例 1：Upon completion of the design change，the ASD should be ready for engineering development.

译文：原设计的修改工作一旦完成，ASD 就可以进入工程设计阶段了。

分析：译文中，依据原文逻辑语义增益的“工作”和“阶段”显化了源语中的隐含语义，使得表达更为顺畅和易于理解。

例 2：The high-altitude plane was and still is a remarkable bird.

译文：高空飞机过去是，现在仍然还是一种了不起的飞行器。

分析：与“plane”照应，“bird”在译文中借助于具体化的词汇补偿手段译为“飞行器”；同时，借助于增益而使用的“过去”和“现在”补偿了原文中 be 动词“was”和“is”表达的不同时间概念。

例 3：Just as the Industrial Revolution took over an immense range of tasks from men’s muscles and enormously expanded productivity，so the microcomputer is rapidly assuming huge burdens of drudgery from the human brain and thereby expanding the mind’s capacities in ways that man has only begun to grasp.

译文：正如工业革命取消了大量的体力劳动并极大发展了生产力一样，微型电子计算机迅速地承担起大量繁重的脑力劳动，从而以人们现在才开始领会的各种方式扩大了人脑的功能。

分析：原文中的“muscles”和“brain”本义为“肌肉”和“大脑”，在译文中通过补偿中的具体化手段，分别引申为“体力劳动”和“脑力劳动”，较之原文词义更清晰明了。

例 4：Dr. John Smith made a thousand and one explanations of this strange phenomenon of nature.

译文：约翰·史密斯博士对这种奇怪的自然现象做了很多种解释。

分析：原文中的“a thousand and one”是一个具有模糊语义的准确数字表达，

译文中将其概略化而译为“很多”。

例 5：The chief effects of electric currents are the magnetic，heating and chemical effects.

译文：电流的主要效应是磁效应、热效应和化学效应。

分析：原文中“magnetic，heating and chemical”作为定语修饰“effects”，译文中相应以重复“效应”的手段进行补偿，使得表达顺畅。

（二）语法补偿

语法补偿涉及时间副词、被动意义词汇、复数意义词汇等语法规范和形式的补偿。

例 6：The later 1990s should give us gene-spliced farm animals—hogs that yield low-cholesterol pork and cows that produce milk from which pharmaceutical companies can extract such beneficial drugs as insulin or growth hormone. Already the U.S. Patent Office has received dozens of proposals for such creatures. Researchers in both the United States and Japan are working on catfish and trout that grow larger and faster and consume less food in the process. Consumers may shy away from genetically engineered food as weird and even dangerous，so scientists are developing special testing plans for these new and unknown breeds.

译文：20 世纪 90 年代后期应当给我们带来基因拼接技术培育的家畜——那时的肉猪提供低胆固醇的猪肉，奶牛所生产的牛奶可供制药厂用以提取胰岛素或生长激素之类有益的药物。现在，美国专利局已经收到了好几十份培育这种牲畜的方案。美国和日本两国的研究人员正在设法培育长得更大更快、生长期耗费饲料又较少的鲇鱼和鲑鱼。但是，消费者可能会嫌弃用遗传工程方法制造的食品，总觉得它们古怪甚至危险。因此，科学家们正在制订对这些新奇的未知品种进行检验的专门计划。

分析：译文中的语法补偿特征明显。就时间副词的补偿而言，第一句中补译的“那时”呼应了句首的“20 世纪 90 年代后期”，在第二句之前补译了“现在”，加之后文中的“已经”和“正在”等表达，明晰了“过去→现在”的时间概念转换。就被动意义词汇的语法补偿而言，“genetically engineered food”中定语表达的被动意义转换成了汉语中的“用遗传工程方法制造的”，“gene-spliced”转换成了“基因拼接技术培育的”。就复数意义词汇的语法补偿而言，只有“scientists”直接译为“科学家们”，部分复数意义词汇借助于译出的修饰成分来显示，如“drugs”借助于“such...as...”译出的“之类的”，“proposals”

借助于“dozens of”译出的“好几十份”，“creatures”借助于“such”译出的“这种 / 些”；其他复数意义词汇都直接使用了汉语中普遍具有复数意义的表达，如“farm animals”译为“家畜”，“hogs”译为“肉猪”，“cows”译为“奶牛”，“pharmaceutical companies”译为“制药厂”；此外，在“美国和日本”之后增补概括性的表达“两国”，体现了汉语的表达习惯。

该段译文还同时使用了语言学层面上的词汇补偿和语篇补偿。就词汇补偿而言，“gene-spliced”借助于增益“技术”和“培育”翻译为“基因拼接技术培育的”，而“proposals”通过增益“培育”译为“培育方案”，通过增益“方法”和“制造”把“genetically engineered”译为“用遗传工程方法制造的”；“hog”本义为“阉过的供食用的公猪”，结合其后的定语从句“that yield low-cholesterol pork”的语义，具体化为“肉猪”；同样，以具体化的词汇补偿将“working on”译为“培育”，将“process”译为“生长期”。

就语篇补偿而言，原文一共有四个句子，译文在第四句前补译“但是”，明确前三句与第四句的逻辑连接；同时将原文含有因果关系的第四句分译为两个汉语句子，显化了逻辑关系，也更符合汉语的表达习惯。

（三）语篇补偿

语篇补偿包括逻辑连接和人称指称两方面，下文着重分析逻辑连接问题。重意合的汉语和重形合的英语在转换过程中，因逻辑衔接手段不足可能发生意义连贯损失。因此，逻辑连接的补偿主要通过添加连接词和逻辑重组等手段来实现。

例 7：Special design of the rear bearing allows for the exchange of V-belts without the necessity of removing the spindle.

译文：由于后轴承的设计特别，更换三角皮带，无须取下主轴。

分析：源语中作为主语部分的“special design of the rear bearing”与后文构成了一种隐含的因果逻辑关系，译文中添加逻辑连接词“由于”对此进行语篇逻辑补偿。

例 8：Manufacturing processes may be classified as unit production with small quantities being made and mass production with large numbers of identical parts being produced.

译文：制造方法可分为单件生产和批量生产，单件生产指小批量的生产，批量生产指生产大量相同的部件。

分析：译文借助于逻辑重组，先总后分，并将只有一句的原文分译为三个短句，使得单件生产和批量生产的解释对称，补偿了原文的“整齐美”和逻辑层次。

二、英语科技新闻翻译的审美补偿

翻译过程不仅是语言间的信息转换过程，也是不同民族间的审美信息转换过程，科技翻译也不例外。审美补偿主要关注审美形式的功能、价值冲突和形义统一性等方面的补偿。科技新闻的审美标准为具有准确性、简明性和科学性，这一标准也同样适用于检验审美补偿的效果。例如：

The agenda of ongoing work in the social and behavioral sciences has been revealed here in only the most fragmentary way. But I hope these fragments will provide some glimpse into the excitement and significance of the whole.

译文 1：关于在社会和行为科学中我们目前正在搞的工作的进程，在这儿只是以很不搭界的方式摆出来的；可是我希望这些拉拉杂杂的东西倒能使读者见识一下我们整个的研究工作是多么有趣又是多么有意义。

分析：此译文中用了许多如“搞”“很不搭界”“拉拉杂杂”等口语词，与原文科技英语的书面语体风格格格不入，属翻译中的“脱格词”，难以再现原文的整体风貌，在审美的形义统一性方面出现翻译损失。

译文 2：这里展示的并非社会科学和行为科学的总体现状，只不过是让读者见其一斑。然而，笔者希望这些零散材料能引起人们的兴趣，使之对全部工作的重要意义有个概略的了解。

分析：译文 2 在词汇的正式等级及意义和句法结构上补偿了译文 1 中损失的语体风格，再现了原文的语体特色和审美形式的形义统一性。

科技新闻翻译审美要素的损失可累及韵律、修辞手段和风格等多个方面，具体可发生在词汇、句法结构、语篇等各个层面。只有有效的审美补偿才能补益科技新闻翻译中在审美形式、审美功能和风格等方面出现的翻译损失。

翻译补偿从语言学层面和审美层面，提供了审视科技新闻翻译过程和质量的新视角，其关于语言补偿、语法补偿、语篇补偿和审美形式及功能等补偿的理念和方法，对于弥补和减少翻译损失，以求尽可能完整再现原文具有重要指导意义。需要指出的是，科技新闻翻译在语言学层面和审美层面的翻译补偿，总是相互联系和交织的，并体现于译文的整体补偿效果。

第三节　英语财经新闻的翻译补偿策略

功能对等理论是由美国著名语言学家、翻译学家奈达提出的翻译理论，于20世纪80年代被引入中国，曾对我国翻译界产生深远的影响。奈达在《翻译科学探索》一书中提出了“动态对等”的概念。实际上“动态对等”有其所指，即两种关系的对等。其一，它指的是源语作品与原文读者的关系；其二，它指的是译文作品与译文读者的关系。“动态对等”便要求这两种关系一致，即使语言外壳不同，表达的信息却是相同的，从而使不同的译入语读者产生与源语读者相同的阅读效果。同时，他指出“翻译是用最恰当、自然和对等的语言从语义到文体再现源语的信息”。奈达考虑到“动态”这一术语容易被误解为仅指一种“影响力”，而对他的翻译原则产生误解，继而用“功能对等”这一术语替换了“动态对等”，因为“功能”二字把翻译视为一种交际形式，着重于翻译的内容和结果，因而比“动态”二字更合理。功能对等追求的并非是文字层面的死板对等，而是要从译文接受者的角度出发，着眼于原文的意义和精神。正如在《语言与文化——翻译中的语境》中奈达指出的“‘功能对等’中的‘对等’不是数学概念中的对等，而是‘接近’，是针对译文与原文功能的接近程度而言的”。奈达认为，为了实现译文与原文的指示意义和联想意义的最佳对等，或许有必要做出一些形式上的调整，那么就需要一些相关原则来指导调整的类型与程度。此外，由于语言结构和社会文化等方面存在着差异，在翻译过程中，语义损失和语法损失都是难以避免的。奈达还指出，“对于具有同样语音、词汇、语法和语篇特征的话语来说，没有任何两个对话者会得到完全一致的指示意义和联想意义，因此在语言交际中总会有一些损失或扭曲”。那么为了弥补翻译损失，使译文与原文实现功能对等，翻译补偿是一种行之有效的方法。

功能对等理论认为翻译应在四个层面上达到对等，即词汇对等、句法对等、篇章对等以及文体对等。鉴于英语财经新闻属信息型文本，翻译目的是忠实地还原文章内容，使译文与原文达到指示意义和联想意义的对等，并且保证译文的可读性，让译文更能满足汉语读者的阅读需求，因此可以从语言学层面着手实施补偿。语言学层面的翻译补偿主要指“在翻译过程中译者针对某类特定的语言形式，就字面意思进行完整的直译后，造成原文语义损失，从而影响目的语读者对译文的理解时，所进行的翻译补偿的处理，以达到译文与原文在语言学层面上的效果对等”。语言学层面的补偿可进一步分为三个层面：词汇补偿、语法补偿和语篇补偿。对英语财经新闻的翻译实施语言学层面的补偿，不仅能更准确地传递新闻内容，还能考虑到汉语读者的需求，有助于实现译文与原文功能上对等的效果。

一、英语财经新闻翻译的词汇补偿

词汇补偿作为最常见的补偿手段之一，广泛运用于各类文本的翻译中。因为词汇损失常常会导致指示意义或联想意义的损失，所以需要根据文本类型和翻译目的对词汇损失实施补偿。在英语财经新闻的翻译中，常见的词汇补偿方法为增益。

增益，又称增译、增词、加译等。总体可分为两大类：一是固定的，即为达到要求目的，在译文中添加词语；二是不固定的，即根据上文信息决定在本句增补一些本句省略的词汇和语言。采用增译的翻译方法可以使译文更符合目的语的表达习惯，并利于实现传播信息的预期目的。

（一）名词的增益

1. 增补解释性信息

刘其中认为，英汉新闻翻译过程中，为了满足译入语读者的阅读需求，帮助他们理解新闻内容，允许译者对源语新闻做少量非实质性的增删。此外，奈达认为，翻译的研究对象是读者或者译入语接受者，若要评判译文质量的优劣，必须看读者对译文的反应如何，同时必须把这种反应和原文读者对与原文的反应进行对比，看两种反应是否一致。

在英语财经新闻中经常会报道一些财经领域的新动向，因此，报道内容一定会与特定的机构、团体或公司密切相关。这些机构名称对源语读者来说耳熟能详，但对译入语读者来说却是陌生的。英语财经新闻往往还会涉及一些英语国家特有的财政或福利计划，遇到这些词汇时，若单单采取直译的方式就很难达到指示意义和联想意义的最佳对等。按照翻译补偿的需求原则，目的语读者或目的语本身对损失的内容有需求，是因为它对目的语读者理解原文非常重要，或者它属于目的语的强制性成分，这时需要实施补偿。因此在遇到这样的翻译损失时，可以采取增益的补偿方式来增加既符合客观事实，又不脱离原文的解释性信息。新增的解释性信息可以让读者迅速知悉这些企业的背景或政策内容，以消除因经济文化差异所导致的理解障碍，实现功能对等。

例 1：Apple，the popular technology stock owned by millions of Americans through funds in their 401（k）s，has become the first publicly traded U.S. company to hit a market value of $1 trillion.

译文：苹果已成美国首家市值破万亿美元的上市公司，数百万美国人民都通过“401K 企业养老金计划”投资基金而持有这支热门科技股。

分析：该例句中，“401（k）s”为复数形式，其单数形式通常为“401（k）”或“401（k）ply”；它是指美国的一项由雇员、雇主共同缴费建立起来的非强制性养老保险制度。因该制度是根据美国《国内税收法》第 401 条 k 项条款的规定建立起来的，因此美国人将此制度命名为“401（k）”。该词是在美国独特的社会文化背景下所创造出来的，汉语中并无完全与之对应的词语，因此在翻译时多选择移译或直译，即“401K”或“401K 计划”。但是，除非读者对美国经济制度特别了解，否则很难理解“401K 计划”所表达的具体含义。有学者认为，在财经类新闻的受众群体里，有很多人是财经领域的从业人员，具备一定的经济知识水平。但是，随着时代的不断发展，在财经类新闻的受众群体里，出现了越来越多的普通受众人群。因此在面对这样的翻译损失时，应采取增添解释性信息的补偿方式，以补充对译入语读者来说必要的信息。此外，也可以采取括号加注的方式，但是这样会增加文章的内容量，不符合新闻力求简洁的原则，因此未采用该方法。

例 2：The next year，Alibaba faced its biggest threat when eBay acquired EachNet，which had 80 percent of China's small retail e-commerce market.

译文：次年，美国电商巨头 eBay 收购了易趣网，当时易趣网占据中国小型零售电商市场份额的 80%，阿里巴巴面临了最大的威胁。

分析：因为 eBay 在中国扩张失败，导致其在中国的知名度较低，所以在翻译时若不采取补偿措施，很有可能使读者感到困惑，从而思考 eBay 究竟是一个什么样的公司。因此，通过增补带有解释含义的非实质性内容“美国电商巨头”，可以使译文与原文实现指示意义和联想意义上的对等。

例 3：While the offering is targeted at merchants such as Netflix，Amazon and Uber，it's also “about giving choice and control to consumers to stay with whatever method of payment they like”，Kohli says.

译文：虽然这项服务的目标客户是在线视频服务商网飞、电商平台亚马逊和网约车平台优步等商家，但是它也“让消费者有选择权和控制权，可以选择他们喜欢的任何支付方式”，科利表示。

分析：首先，“Netflix，Amazon and Uber”分别为视频流媒体、电子商务及网约车行业领军者，是英文读者熟知的大公司，然而汉语读者对这三家公司的熟悉度远不及英文读者。其次，文章通过列举三个行业巨头公司来表明该服务的广泛适用性，若翻译时未对其实施补偿，汉语读者有可能会误认为这三家公司属于同一行业，从而无法获悉这一层含义。因此，在翻译该句时便选择增补带有解释含义的非实质性内容“在线视频服务商”“电商平台”及“网约车平台”，以保证译文与原文的指示意义与联想意义达到对等效果，从而使译入语读者与源语读者产生相近的理解效果。

2. 增补范畴词

在汉语中，有一类词称为范畴词，是指那些用来表示行为、现象、属性等概念所属范畴的词语。范畴词是汉语常用的特指手段之一，如：局势、态度、问题、状态、方式、局面、情景、情况、心情、……性、……度、……感等。这些词在汉语中使用频繁，可以使句子流畅、表现具体。英语财经新闻的翻译中经常会采取在名词后增补范畴词的方式对词汇实施补偿，以使译文的内容更为忠实，行文更为流畅。

例 4：The central bank held the rate near zero for years after the financial crisis and recession of 2007-2009 and then nudged it up only gently.

译文：自 2007 年至 2009 年的金融危机和经济衰退后，央行多年来都将联邦基金利率维持在接近于零的水平，后来也只是进行了轻微上调。

分析：在未实施补偿的情况下，“held the rate near zero”的译文为“将利率维持在接近于零”，这样的译文略显突兀，不够流畅。为了满足汉语读者的阅读需求，可以选择在名词“零”的后面增添范畴词“水平”。这种补偿方式不但使译文更符合汉语的行文习惯，增强译文的可读性，还能避免汉语读者与源语读者产生不同的阅读感受。

例 5：In 2005，Yahoo Inc. paid $1 billion for 40 percent of Alibaba and turned over control of Yahoo China.

译文：2005 年，雅虎公司以 10 亿美元的价格收购阿里巴巴 40% 的股份，并移交雅虎中国的控制权。

分析：该例句中，动宾搭配“turn over control”直译为“移交控制”，从汉语角度来看，这样的译文表意不够清晰，显然存在翻译损失，需要在翻译时实施补偿。通过文意可知，雅虎公司是将“权利”进行移交，那么采用增补范畴词“……权”的补偿方式就可以帮助译文与原文实现功能对等。

例 6：But the trade gap between the United States and China increased sharply，underscoring the economic tensions between the world’s two biggest economies.

译文：但是美国对华贸易逆差激增，凸显了全球两个最大经济体之间紧张的经济关系。

分析：在使用词性转换的方式翻译“economic tensions”时会出现与汉语表述不符的情况，这时选择增补范畴词“关系”就可以使译文更符合汉语的表达习惯，使汉语读者与源语读者产生相同的阅读感受。

3. 增补原文缺失的信息

有时，若仅直译英语句子中的主语或宾语，很可能会造成信息缺失的情况，这是英汉语言差异造成的，比如词汇的引申含义不同或者动宾搭配存在差异。若出现这样的情况，有必要按照汉语的表述习惯进行增补，以实现最佳对等。此外，英语中的不及物动词译成汉语常常是及物动词，因此翻译时要把动词的宾语增补出来，从而达到使语义更完整、译文更规范的目的。

例 7：The 10-year Treasury，which climbed to nearly 3.25 percent，closed at 3.24 percent，its highest level since May 2011.

译文：美国 10 年期国债收益率攀升至近 3.25%，收于 3.24%，为 2011 年 5 月以来的最高水平。

分析：例句中没有任何表达“收益率”的词语，但是通过句意可以看出，句中的百分比指的并非是“美国 10 年期国债”，而是其“收益率”，只是原文并未将该意以词汇的形式表现出来。功能对等要求译者更多地着眼于原文的意义和精神，因此在面对这样的翻译损失时，为了使译文表达的意思更为确切，需对缺失的信息实施补偿。

例 8：The tech giant’s rise has been driven largely by its wildly successful iPhone，which has been instrumental in shaping our mobile world and is a staple of daily life for tens of millions of Americans who use it to make calls，send texts，snap photos，check Facebook and stay on top of the news.

译文：这家科技巨头的崛起很大程度上归功于 iPhone 取得的巨大成功。iPhone 不但在构建移动世界方面起到重要作用，也成为数千万美国人日常使用的产品，人们用它打电话、发短信、拍照、查阅脸书消息和获取最新资讯。

分析：例句中的动宾搭配为“check Facebook”，而这样的动宾搭配若采取直译的方式显然与汉语表述习惯不符。从汉语的角度来看，应为“查阅脸书”上的“消息”，因此在翻译该句时选择了增益的补偿方式，使译文更符合汉语表达习惯，帮助读者扫清阅读障碍。

例 9：By 2006，Ma had won；eBay gave up and turned over its China operation to a local partner.

译文：2006 年，马云赢了，eBay 放弃中国市场，将其中国区运营权交付给当地合作商。

分析：例句中没有任何表述“中国市场”的词，但是翻译时要根据句意将“gave up”后面隐藏的宾语增补出来，以补偿语义损失，使译文与原文在语义上达到对等。

（二）动词的增益

英语中常常会出现只在首句使用动词，其后的简单句则全部省略动词的表达方式。然而汉语更倾向于使用动词，因此在翻译时有必要将原文省略的动词通过增益的方式实施补偿，从而达到语意完整、译文规范的目的。此外，有时还会出现需根据文意补偿动词的情况，以保证译文更符合汉语财经新闻的表述习惯，保证汉语读者与源语读者产生相同的阅读感受。

例 10：Professional and business services led the job gains with 54 000. Health care added 30 000；transportation and warehousing，24 000；construction，23 000；and manufacturing，18 000.

译文：专业及商业服务行业引领就业增长，新增就业人数 5.4 万人。医疗保健业新增 3 万人，运输和仓储业新增 2.4 万人，建筑业新增 2.3 万人，制造业新增 1.8 万人。

分析：若译文按照英文中动词省略的方式进行翻译，可能会造成汉语句子结构不完整、译文内容不通顺的问题，同时也会造成读者在语义理解上的困难，此时译者需要根据语境增补相同或不同的谓语动词。例句中，只有首句使用了谓语动词“added”，其后的简单句未使用任何动词。鉴于汉语省略动词的情况较少，因此在翻译时选择将分句的动词补全以弥补语义损失，保证译文更符合汉语读者的阅读习惯。

例 11：Fed officials expect the key rate to rise to 2.4 percent at the end of the year，3.1 percent at the end of 2019 and 3.4 percent at the end of 2020，according to their median estimate.

译文：根据预期中值数据，美联储官员预计关键利率将在今年年底升至 2.4%，2019 年底升至 3.1 %，2020 年底升至 3.4% 。

分析：例句的分句并无动词，单纯直译势必会造成语义损失，因此需要实施补偿。补偿方式是将“rise to”这一动词含义增补到分句中。这样的动词补偿可以使译文表述更符合汉语规范并且符合汉语读者的阅读习惯，从而保证译文与原文达到功能对等。

例 12：The retailer reported a net loss of $861 million，or 29 cents a share，in the latest quarter.

译文：该零售商的报告显示，最新季度净亏损 8.61 亿美元，合每股亏损 29 美分。

分析：当采用词性转换的翻译方法将“loss”翻译为动词“亏损”时，需要在翻译分句时增补出缺失的这一动词含义，此外译者还选择增补动词“合”，即“折合”，以使译文更符合汉语财经新闻的表达习惯。若不实施补偿，会导致译文信息缺失，从而影响汉语读者的阅读感受。

（三）形容词的增益

有时，出于修辞或内容上的需要，在翻译时可以采取增补原文中未明确表述但已含其意的形容词，以使译文在内容上与原文更加对等，同时也增强文章的可读性。

例 13：However，Apple’s financial feat doesn’t feel like a signal that the market has reached its peak given the strength of the U.S. economy，says Michael Farr，president of Farr，Miller & Washington，a money-management firm based in Washington.

译文：华盛顿理财公司 Farr，Miller & Washington 总裁迈克尔·法尔指出，鉴于美国强大的经济实力，苹果取得的傲人业绩感觉不像是市场见顶的信号。

分析：例句并未通过词汇直接表现“强大的”这层含义，而是隐藏在上下文的逻辑关系中。通过句意可以看出，是因为美国经济实力强大才让迈克尔·法尔认为市场并未见顶。鉴于汉语更注重意合，因此选择增补形容词“强大的”以使译文内容更加饱满、表达更为确切。

例 14：“It has the promise of enabling companies to have a cost-effective global payment strategy...and it will provide the payment method required by the consumer，” Gillespie says.

译文：吉莱斯皮说：“该服务有望使企业拥有成本效益较高的全球支付战略……并将为消费者提供所需的支付方式。”

分析：例句中，并未通过词汇表现“较高的”这一含义，而是隐藏在句意中。原文中的“it”指代的是新闻主要对象“花旗银行推出的支付服务”，“cost-effective”则意为“具有成本效益的”，该句想要传递的信息是“这项服务”所拥有的具体优势。出于句意和修辞方面的需求，有必要增补出无其形却有其意的形容词“较高的”，这样的语义补偿可以更准确地表达出原文希望传递的信息，使译文与原文实现功能上的对等。

二、英语财经新闻翻译的语法补偿

除非两种语言使用相同或类似的拼写系统、音韵系统，并具有相似的修辞手段，不然词汇形态一般都会在一定程度上影响可译性，从而造成一定损失。

英语的词形变化很多，包括动词时态的变化、可数名字单复数的变化和形容词比较级的变化等，但是汉语的词形变化很少，表示同等信息时多以词汇的方式进行表达。此外，量词是汉语 11 种词类中的一种，而英文并没有量词这一分类。语法结构的差异有时会导致实质性的损失，因此需要按照目的语的语法要求对损失实施补偿。在英语财经新闻的翻译中，常见的语法补偿有量词的补偿、时态的补偿以及复数概念的补偿。

（一）量词的补偿

一般情况下，汉语在表示物质数量时都会使用量词。金福芬和陈国华认为“汉语中的名词都是指物质的，语义是不可数的。要记数物质一定要把物质量化或离散成类似物体的个体才可数。量词标记表达的是数的概念，起个体标记的作用”。然而，英语大多数情况都不用量词，而是将数词直接加在名词之前，因而英译汉时需加上恰当的量词。针对量词的补偿可以弥补英语和汉语的语法差异，让译文在表述事物数量上更符合汉语规范，以保证译文与原文达成指示意义上的对等。

例 1：The success of one stock，even one as influential as Apple，does not mean potential risks facing the broader stock market，such as worries over the economic fallout from tariffs or the economic impact of higher interest rates，will disappear，says Christian Thwaites，chief strategist at Brouwer & Janachowski，a Mill Valley，California-based wealth management firm.

译文：加州米尔谷财富管理公司 Brouwer & Janachowski 的首席策略师克里斯蒂安・思韦茨指出，即便是像苹果这样有影响力的单只股票获得成功，也并不意味着大盘将规避所面临的潜在风险，比如人们担心关税和高利率会对经济产生影响。

分析：英语中往往是通过数词来表达数量意义的，可是在汉语中既有数词又有量词，鉴于功能对等理论注重信息传递的一致性，因此在翻译时需要把相应的量词增补出来。例句使用“one”来强调单数的概念，按照汉语的表述习惯，通常会使用量词“只”与“股票”进行搭配，因此选择通过对量词实施翻译补偿，以使译文更符合汉语的表达习惯。

例 2：He explained that the vehicle’s U.S. sales were expected to be “marginal”—fewer than 50 000 a year.

译文：他解释说，预计这款车在美国的销量“十分有限”——每年不到5万辆。

分析：该例句使用数词来表示“车”的具体数量。按照汉语的表述习惯，与“车”搭配的量词为“辆”，因此选择补偿量词以使译文内容更为规范，更符合读者的阅读习惯。

（二）时态的补偿

英语可以通过动词的变化来表示现在、过去和将来。但汉语的时态通常是通过时态词表现出来的，比如汉语会使用“已经”和“曾经”等时态词来表示动作的完成，用“正在”表示动作的进行，用“会”表示将来要发生的动作，从而体现原句中的时态现象。因为汉语词汇没有词形变化，无法像英文词汇那样通过词形变化或通过助动词来表示时态，所以在翻译时出现强调时态，特别是出现时态对比时，有必要实施补偿，以保证译文与原文在功能和意义上的对等。

例3：Apple enjoyed a “first mover advantage”，because it got ahead of the competition in the mobile phone space in 2007 when it launched the first version of its iPhone.

译文：苹果早在2007年就推出了第一代iPhone，在移动电话领域领先竞争对手，享有“先发优势”。

分析：通过“in 2007”可以看出原文表述的内容发生在过去，鉴于原文存在时态比较的含义，即苹果比竞争对手推出智能手机的时间还要更早，因此要按照汉语语法对时态实施补偿。译文使用“早在”和“了”，不但体现出“过去”的含义，也突出了时间上的比较。

例4：Economists had estimated 185 000 new jobs were created last month, according to a Bloomberg survey.

译文：据彭博社调查报告，经济学家们早先曾预测9月新增就业人数为18.5万人。

分析：例句中，“had estimated”为过去完成时态，表示事情发生在过去的过去，存在与当前时态比较的含义。但是中文并没有过去完成时的表述方法，因此在翻译该句时选择使用“早先曾”，即表现出事情发生在过去，也表现出时间上的对比。通过实施时态补偿，译文可以在信息与时态上与原文实现最佳对等。

例5：The Focus Active Crossover was meant to replace the Ford Focus in the U.S. because Ford is phasing out the Focus passenger car as it shifts production to pickups and SUVs. The Focus Active Crossover was scheduled to go on sale in late summer 2019.

译文：福特正在逐步淘汰福克斯乘用车，将生产重心转向轻型货车和运动型多功能车，因此，它原本打算用福克斯 Active 跨界车来替代美国的福特福克斯。福克斯 Active 跨界车原计划于 2019 年夏末登陆美国市场。

分析：通过“was”可以看出例句采用的时态为过去时，而整篇新闻以现在时为主要时态，此外按新闻文意，该车的进口计划已经取消，因此该例句也突出了时间上的差异性。鉴于汉语无法通过词形转换的方式表达过去的含义，因此需要对时态实施补偿，以使译文在语义更贴合原文，那么通过使用“原计划”这一表述便可以向读者传递出与原文本对等的信息。

（三）复数概念的补偿

英语的可数名词有着单数和复数两种形式，可以通过词形转换的方式来表达复数含义，比如“名词 + s / es”，而汉语名词，除了表示人的名词可以选择加“们”来表示复数外，本身并无单、复数之分。在这样的语法差异下，翻译损失是不可避免的，因此有必要按照汉语语法，在汉语译文中对复数概念实施补偿，以实现译文与原文在功能和意义上的全面对等。

例 6：So far，job growth has been surprisingly strong this year despite the hurdles，averaging about 200 000 a month，up from 182 000 in 2017.

译文：截至目前，尽管困难重重，美国 2018 年就业增长却出人意料地强劲，月均增长量从 2017 年的 18.2 万人上升到今年的约 20 万人。

分析：例句通过使用复数“hurdles”来表明“困难”并非只有一个，而是有很多。多数情况下，汉语需要使用修饰语来表现复数含义，因此在翻译该句时选择使用重叠词来对复数概念实施补偿，以使译文表达出与原文对等的信息。

例 7：Alibaba bought back half of Yahoo’s stake for $7.1 billion in 2011 and the U.S. company made billions more from the 2014 IPO.

译文：2011 年，阿里以 71 亿美元回购雅虎所持股份的一半。2014 年，阿里进行首次公开募股，雅虎借此获利数十亿美元。

分析：例句内容涉及价值量的描述，财经新闻对数字的要求极高，需要做到准确。虽然“billions”在表示数量时较为笼统，但是在翻译时要将复数概念完整地再现出来，因为单数“billion”与复数“billions”之间相差的数量至少是“十亿”，所以必须在译文中对其实施补偿，否则会出现译文与原文描述的客观事实不符的严重错误。补偿方式同样是使用含有复数意义的前置修饰语，经过补偿的译文更加符合汉语规范，内容也更忠实于原文。

三、英语财经新闻翻译的语篇补偿

目前，语篇的界定尚未做到完全统一。语篇小的可以是一个单词、一个小句；大的可以是一次对话、一篇文章，甚至一部著作。作为一个极其复杂且宽泛的领域，语篇层面的补偿是一个很大的课题，非一项研究所能覆盖。因此本小节只对英语财经新闻翻译中较为突出的逻辑连接的补偿进行讨论。

虽然汉语重意合，英语重形合，但是汉语在不断的发展过程中吸收了大量外来成分，逐渐克服了过去结构松散、逻辑含糊的不足。英译汉中多将形合连接转换成意合连接，有必要在这样的转换模式下增加逻辑连接词。因此逻辑连接的补偿可以通过添加连接词的手段来实现。

例 1："Apple's $1 trillion valuation is a great reminder to investors that companies with innovative ideas combined with world-class products and service can create value for investors over time，" says Kate Warne，investment strategist at Edward Jones，a brokerage headquartered in St. Louis.

译文：总部位于圣路易斯的券商爱德华·琼斯的投资策略师凯特·沃恩表示："市值达到万亿美元的苹果向投资者们传递了一个清楚的信息，只要企业有创新理念，有一流的产品和服务，假以时日就能为他们创造价值。"

分析：例句中并没有明确的逻辑连接词，但是译者要站在译文读者的角度，关注读者的阅读感受，因此在翻译时选择使用"只要……就……"的条件关系来对逻辑连接实施补偿。这样的补偿既没有脱离原文内容，又可以使读者在阅读时感觉更加顺畅。

例 2：Goldman Sachs expected the hurricane to reduce employment by 33 000 in the Carolinas. But Morgan Stanley said the storm likely affected too limited of an area and struck too late during the week of Labor's survey to have a meaningful impact. Workers are counted as employed as long as they show up for any part of their pay period.

译文：高盛曾预测，飓风会使卡罗来纳州就业人数减少 3.3 万人。但是摩根士丹利表示，飓风可能影响到的区域范围十分有限，并且在本周美国劳工统计局调查期间，飓风来得太晚了，所以不会造成重大影响。此外，工人只要身处于工资结算周期，就会被算作已就业人群。

分析：原文由三个小句构成，其中第二小句包含因果关系，因此在翻译时选择分译为多个短句并添加逻辑连接词“所以”，以增强译文的可读性和逻辑性。并且，摩根士丹利的观点是“飓风不会对就业情况造成重大影响”，那么从句意可以看出，第三小句表述的内容是对该观点的进一步解释。鉴于此，在翻译时选择补充逻辑连接词“此外”。通过对逻辑连接实施补偿，可以使段落内的句子连接更为紧密，更有助于译入语读者与源语读者产生相近的阅读感受。

例 3：Monthly job gains have averaged 207 000 this year，up from 182 000 in 2017. And yearly wage growth hit a nine-year high of 2.9 percent in August. Low unemployment is making it tougher for employers to find workers，prodding them to fatten paychecks. The Fed is trying to get ahead of a surge in wages and prices by continuing to gradually raise rates to modestly crimp borrowing and economic activity.

译文：2018 年月均新增就业岗位 20.7 万个，高于 2017 年的 18.2 万个。8 月工资年增长率达 2.9%，创 9 年来新高。低失业率加大了用人难度，迫使企业提高薪资。因此，美联储正试图赶在工资和物价飙升之前，继续逐步加息，以适度抑制借贷等经济活动。

分析：原文由四个小句构成，其中前三个小句陈述了新闻事实，并分析了就业情况好转与薪资上涨的关系，而第四小句则阐述了美联储加息的目的。从段意可以看出，前三个小句与第四小句构成了一种隐含的因果关系，因此在翻译时选择添加逻辑连接词“因此”对其进行逻辑补偿，使语义更为饱满、逻辑更为鲜明，为译入语读者提供更为清晰流畅的译文。

参考文献

[1] 夏廷德．翻译补偿研究 [M]．武汉：湖北教育出版社，2006.

[2] 刘其中．英汉新闻翻译 [M]．北京：清华大学出版社，2009.

[3] 金惠康．跨文化交际翻译 [M]．北京：中国对外翻译出版公司，2003.

[4] 许明武．新闻英语与翻译 [M]．北京：中国对外翻译出版公司，2003.

[5] 张建．新闻英语文体与范文评析 [M]．上海：上海外语教育出版社，2016.

[6] 杨国燕，张新民．英汉互译过程中的文化缺省现象及其对策 [J]. 河北师范大学学报（哲学社会科学版），2009，32（4）：108-112.

[7] 张卉．关于“文化缺省”内涵的几点思考 [J]. 云南农业大学学报（社会科学版），2009，3（2）：102-106.

[8] 吕元．关联翻译理论视角下文化缺省的英译 [J]. 语言教育，2015，3（1）：91-95.

[9] 陈吉荣．一部具有探索精神的力作：评《翻译补偿研究》[J]. 中国翻译，2008（2）：37-40.

[10] 陈凯．论我国新闻跨文化传播时的新闻翻译问题 [J]. 西部广播电视，2015（18）：16.

[11] 陈绍新．科技英语语篇词串翻译策略研究 [J]. 长江大学学报（社会科学版），2017，40（4）：92-96.

[12] 黄燕平．名词化隐喻视域下的英语新闻语篇汉译探究 [J]. 价值工程，2017，36（20）：161-162.

[13] 李小龙．新闻英语语体的特点及翻译策略研究 [J]. 郑州航空工业管理学院学报（社会科学版），2016，35（1）：143-146.

[14] 黎姿．浅议新闻英语的特点与翻译策略 [J]. 科技风，2017（10）：261-262.

[15] 巩坚 . 浅析新闻英语中词汇的使用与语法特点 [J]. 吉首大学学报（社会科学版），2017，38（增刊 2）：135-137.

[16] 高飞雁 . 新闻英语的语言特征与翻译研究：评《英语新闻的语言特点与翻译》[J]. 新闻与写作，2018（4）：119.

[17] 刘书敏 . 新闻英语语言特征与翻译方式探索 [J]. 中国报业，2018（6）：35-36.

[18] 冯丽娟 . 经济全球化背景下的新闻英语语篇特征与翻译策略研究 [J]. 重庆电子工程职业学院学报，2017，26（4）：133-136.

[19] 李端阳，王志军 . 基于语料库的海关新闻英语语域特征多维分析 [J]. 西安外国语大学学报，2019，27（1）：27-32.

[20] 曹志颖 . 软新闻翻译的理论依据及其策略探究 [J]. 大连大学学报，2009，30（2）：154-156.

[21] 钱叶萍，王银泉 . 从功能翻译理论看软新闻的汉译英 [J]. 北京第二外国语学院学报，2006（6）：11-14.

[22] 王纪红 . 语篇衔接翻译策略的有效性研究 [J]. 海外英语，2016（20）：9-11.